U0852456

薪火——致敬科学家精神 1

辽宁省科学技术馆 编著

北方联合出版传媒（集团）股份有限公司
辽宁科学技术出版社

编委会名单

主　　编：刘晓峰
副 主 编：李学辉　张静华
编　　者：丁　翎　张　颖　于小单　李　奥　王　臣　陈　路
科学顾问：任　甫　李卫民

音频

执 行 编 剧：丁　翎
编　　　剧：张　颖　刘　乐　蒋沚轩
导　　　演：刘晓峰　张益怀
主要配音演员：常小青　夏梓轩　宁　杨　王　旭　杨楚凡　卢天昊　陈欣冉　屈奎源　赵　妍
后　　　期：徐　龙
发 布 平 台：学习强国　喜马拉雅

© 2024辽宁科学技术出版社。
版权所有•翻印必究

图书在版编目（CIP）数据

薪火：致敬科学家精神 / 辽宁省科学技术馆编著. —
沈阳：辽宁科学技术出版社，2024.5（2024.9重印）
ISBN 978-7-5591-3475-2

Ⅰ.①薪… Ⅱ.①辽… Ⅲ.①科学知识－青少年读物 Ⅳ.
①Z228.2

中国国家版本馆CIP数据核字(2024)第052841号

出版发行：辽宁科学技术出版社
（地址：沈阳市和平区十一纬路25号　邮编：110003）
印 刷 者：深圳市福圣印刷有限公司
经 销 者：各地新华书店
幅面尺寸：168mm×236mm
印　　张：24.75
字　　数：500千字
出版时间：2024年5月第1版
印刷时间：2024年9月第2次印刷
出 品 人：陈　刚　乔志雄
责任编辑：姜　璐　胡嘉思　卢山秀　殷　欣　孙　东　张　永
绘　　者：熊　九　狛　金
封面设计：熊　九
版式设计：狛　金
责任校对：韩欣桐

书　　号：ISBN 978-7-5591-3475-2
定　　价：188.00元（套装）

作者简介

辽宁省科学技术馆是一座集科学普及、科技交流、人才培养、科技创新服务于一体的综合性特大型科技馆，是首批全国科普教育基地，是辽宁省重要的科普宣传阵地和科学文化交流平台。场馆建筑面积10.25万平方米，2015年开馆以来，实体馆累计接待公众1600万人次，数字科技馆服务公众9000万人次，培养科技创新人才260万人次，举办科创活动1000余场，为推进教育、科技、人才融合发展，助力全民科学素质提升和高水平科技自立自强做出突出贡献。荣获“辽宁五一劳动奖状”“全国科普工作先进集体”等100余项省部级荣誉，致力于打造“有温度的科技馆”，高质量创建“全民的科学中心”。

擎“科学家精神”之炬 书新时代奋斗华章

翻开这本书，你就成了一把薪火，一把点亮科学梦想、致敬老一辈科学家奋斗年华的薪火。你也将是一位传递者，将科学家的精神薪火相传。

何为科学家精神？

殷殷爱国情，拳拳赤子心。从李四光、钱学森、钱三强、邓稼先等一大批老一辈科学家，到黄旭华、顾诵芬、徐芑南等一批后成长起来的杰出科学家，都是爱国科学家的典范。在广袤的中华大地上，处处闪动着科学家默默耕耘奉献的身影，处处闪耀着伟大的科学家精神：胸怀祖国、服务人民的爱国精神，勇攀高峰、敢为人先的创新精神，追求真理、严谨治学的求实精神，淡泊名利、潜心研究的奉献精神，集智攻关、团结协作的协同精神，甘为人梯、奖掖后学的育人精神。

科学成就离不开精神支撑。一代又一代科技工作者心怀“国之大者”，铸就了“爱国、创新、求实、奉献、协同、育人”为内涵的科学家精神，为实现中华民族伟大复兴的中国梦凝聚起磅礴力量。

如何传递科学家精神？

辽宁省科学技术馆秉持着打造“有温度的科技馆”的理念高质量创建“全民的科学中心”，不断提升自身的科普能力和影响力，推动科学技术的普及和发展，通过打造《薪火——致敬科学家精神》原创专题栏目，引导青少年爱上科学，以科学家为偶像，助力科普“破圈”。栏目一经上线，引发全网关注。上线首日新华社客户端、新华网客户端、人民网、中国新闻网客户端、光明网等数十家国家级媒体予以报道，传播量破千万次。《薪

火——致敬科学家精神》原创有声漫画荣获中央网信办“2022 年中国正能量网络精品”荣誉，并在 2022 年度、2023 年度辽宁省优秀广播剧大赛中荣获优秀广播剧、创新作品、优秀合成等多个奖项。

如今出版同名《薪火——致敬科学家精神》系列图书，激发青少年读者的科学兴趣，点亮他们心中的“精神火炬”，帮助他们树立坚定的科学理想，让科普传播持续升温，让科学家精神在青少年心中生根发芽，擎起新时代科学家精神的火炬，主动传承和弘扬科学家精神，把自己的人生追求汇入民族复兴的时代大潮，争做堪当民族复兴重任的时代新人。

如何做活科学家精神传递？

在这本书中，读者可以和未来科技相拥抱，在 2122 年云计算、大数据、元宇宙以及人工智能飞速发展的时代里遨游，也可以在“薪火”的带领下，同“宁宁”“安安”一起开启科学探索之旅，近距离地感受到我国的大国重器，可上九天揽月，可下五洋捉鳖！向天发问，星际探索永不止步，见证歼-8鹰击长空，“辽宁舰”巨舰擎梦，剑指深蓝……也将遇到把一切献给祖国蓝天的顾诵芬院士，向海而行、勇往直“潜”的徐芑南院士等数位科学家。以富有童趣的方式和生动的故事情节让青少年爱上科学，立志成为传递科学家精神的“薪火”。

曾有人说过这样一段话：“你做科研是为了什么？是为了人类的进步？为了大多数人的幸福？为了国家的富强？还是只为个人和小家庭优越的物质生活？不同的答案，注定会有不同的人生方向、人生高度和厚度。”科学是大国崛起的疆场，科学是民族复兴的温床，科学的火炬需要一代代人接续传递，才会光芒万丈、薪火相传。

辽宁省科学技术馆 刘晓峰

人物简介

薪火：

一个来自宇宙神秘区域的小精灵，能够藏身于科技馆的图书之中，了解人类科技，有神奇的穿越功能，能够带领人类回到过去看望科学家，感受当时的科技大事件。由于在宇宙中航行时一次偶然失误，导致飞行器失去能量而来到地球，同时因为能量不足，头发变成了红色。宁宁和安安在科技探索过程中描绘科学家画像，可以帮助它恢复能量，回到宇宙。

宁宁：

本书的主人公，一名中学生，父亲是科技馆的工作人员。性格冷静，喜爱学习和钻研科技常识。一次偶然计划邂逅了能量不足的薪火精灵，宁宁只有完成100个科学家画像，才能帮能量不足的薪火精灵回家，宁宁为此不断地努力着……

安安：

宁宁的好朋友，也是同班同学。性格活泼，喜欢跟宁宁一起学习科技小知识，是宁宁的好帮手、好搭档。他下定决心帮助宁宁探索宇宙的科技奥秘……

美轩：

宁宁的同桌，长相甜美，性格温柔，对宁宁和安安这样的科技小达人非常崇拜。

宇航：

宁宁的同学，性格憨厚，但又很贪玩，是同学们的开心果。他总想跟宁宁和安安学习科技知识，但又总是因为贪玩而记不住。

天骄：

宁宁所在班级的班长，性格严肃认真，有扎实的科技知识功底，渴望有更多机会了解到更丰富的知识，喜欢和宁宁、安安一起学习。

目录

薪火
笔记

第一话

薪火笔记

未来

2122年，云计算、大数据、元宇宙以及人工智能飞速发展。
大部分工作，例如制造业、服务业，甚至教育业等都由机器人和人工智能代替。

$dh^2=367$
而人类则主要从事决策性工作，城市中随处可见机器人的身影。
人类在生活中能通过脑机接口进行传输模拟，现实与虚拟的界限也越来越模糊。
扣
人工智能可以带人类见证很多过去曾发生的事，但想带人类去见识未来还无法实现。
人工智能成为人类的朋友，他们有思想，能对话，有本领，他们无处不在，哪怕是一辆汽车、一台家电，甚至是一本看似平平无奇的书……

现在
科技馆
安安，你看那有一本书。
好像是一个笔记本，这是科技馆的新展品吗？

我才不是什么展品，我叫薪火。是人工智能，来自未来。
现在能量不足，没办法回家。
你能帮帮我吗？
我们怎么帮你？
薪火笔记

给你，这是薪火笔记，只要你在这个笔记上画满100个科学家，我就能恢复能量回家啦。
薪火笔记
我了解的科学家不多啊。这可怎么办啊？
科技馆这么多展品，你今天主要想了解哪个？
今天老师带我们来看战斗机。

试飞现场
出发！
轰——
大家快看！现在起飞的就是歼-20！
太牛了！听说歼-20是目前咱们国家最先进的战斗机啊？
那可不！它可是隐形战斗机！

AIRSPEED
Mph
主持人，这个歼-20厉害在哪儿啊？
啥叫隐形？一会儿到天上咱们就看不着了？
你可别逗了，隐形说的是它不会被雷达发现！
有一句话说得好，它“静如处子，动如脱兔”！歼-20是“尖刀上的刀尖”！
嗯！
哇噢～～

李刚老师，能给大家介绍一下您刚才试飞时的感受吗？
大家好！我是空军试飞员李刚。歼-20啊，响应非常快，很灵敏，我就特别喜欢它的速度。
战斗机最基本的素质就是稳、准、快。
请问，您刚刚试飞的时候紧张吗？
说实话啊，我刚刚从机务手中拿到放飞单的时候，还真挺紧张，心扑腾扑腾直跳。

莫名其妙，刚才还说要画科学家，马上就睡着了，真有你的。
薪火，刚刚到底是怎么回事？
我刚才带你看的就是目前最先进的歼-20啊。
你不是想了解战斗机吗？
你不是让我画科学家吗？可是我也没看到科学家啊？
宁宁，老师叫我们了，我们快去集合吧。

嘘，咱们来辽宁省科学技术馆参观一定要保持安静。
551
同学们，我们现在来到了工业摇篮厅，这个展厅展示了许多大国重器，其中包括航空母舰、歼击机，我们现在看到的这个飞机模型就是歼-15。
号称“飞鲨”的歼-15是我国自主研制的第一代舰载战斗机。每架歼-15都带着鲨鱼跃出水面的标志，它是捍卫海疆的国之利器，具有全海域、全空域打击能力，被誉为强悍的空中飞鲨。
宁宁、安安，说好的3点半在这里集合，你俩怎么没有时间观念呢？
天骄，我……我一不小心睡着了。

第二话

歼-8之父——顾诵芬

老师老师，目前我们国家最先进的战斗机是歼-20。
宁宁，知道你是个小科技迷，那你给大家讲一讲吧。
八一
没问题！歼-20是我们国家新一代的隐形战斗机。
哼，这谁不知道啊？
宇航，那你知道试飞日期吗？
这……
歼-20的首飞是2011年1月11日下午1点11分，这里面有8个1，致敬我国八一建军节。
杨伟院士
别得意，设计歼-20的科学家是谁？这你要是能答上来，我就给你买奶茶！
歼-20的总设计师是杨伟院士，他是最最最厉害的科学家！我将来也要像他一样，当科学家，研究战斗机！

宇航，奶茶拿来！
宁宁，杨伟院士是非常厉害。
可是啊，我们国家的歼击机能发展到今天，是许多科学家共同努力的结果啊。
是啊，比如我们沈阳飞机设计研究所的顾诵芬院士。
天骄同学说得对，顾诵芬院士主导了歼-8的自主研发。
好了，今天的参观活动就到此结束了。

薪火，我想到了，我要画的第一位科学家就是顾诵芬院士，我想去了解一下，你能帮我吗?
没问题，走……
1991
2022
1980
2001
2010
1990
1987
1970
时光倒流，回到1969年……

顾总，这个飞机速度到达0.8倍音速的时候也太抖了，我都看不清仪表盘了。
顾总，我们必须要进行风洞实验才能解决这个问题，可是我们目前没有风洞实验室啊。
这样，咱们啊，把飞机周围都贴上毛线条。
!!毛线条?!

对，如果飞机加速的时候气流顺畅，毛线条就会紧贴在飞机上。
哪个位置的毛线条没有紧贴机身，那里就一定有问题。
嗯，有点儿意思。
我觉得可行。
还是顾总有办法。
薪火，这是哪里啊？
现在是1969年，这里是歼-8的试飞现场，宁宁想要见见顾诵芬院士，我顺便把你也带来了。
薪火，这位顾总，就是顾诵芬院士？
对呀。
我晕好啊
!!
!!

顾总，毛线条贴好了，可以试飞了。
不过需要一个观察人员坐在另一架飞机里，跟着观察毛线的抖动情况。
我来吧！
这可不行，您没受过专业的飞行训练，承受不住战斗机的高速飞行啊。
是啊，而且两架飞机的距离太近了。这太危险了！
我是这个项目的总工程师，这个观察员，我来当！
原来当个科学家还挺危险的。
不，没有人要求他们必须以身试险，都是为了我们的祖国更加强大。

1956年，国家决定筹集我国第一个飞机设计机构——沈阳第一设计室，在寻觅聚集当时国内仅有的飞机设计人才时，他们找到了顾诵芬。
沈阳第
原来1956年我们沈阳就有飞机设计室啦！
是啊，从那时起，顾诵芬先后承担歼教-1型和歼教-6型喷气式教练机的气动设计工作，在国内首创两侧进气方案，从优选择了机翼布局。
到了1964年，他开始领导歼-8飞机的气动设计工作，直到1984年，歼-8 II 飞机试飞成功，不久后投入生产。
由于对歼-8系列飞机的重大贡献，顾诵芬被誉为“歼-8之父”。
就是我们刚才看到的场景吗？
是的！

1991年，由于在航空领域的突出贡献，顾诵芬当选为中国科学院院士。1994年，他又当选为中国工程院院士。
薪火，快把笔记本给我，我现在就要画顾诵芬院士。
薪火笔记

歼-8之父
顾诵芬
大国重器，以命铸之。

正是像顾诵芬院士这样的一代代航空人一步一个脚印，攻克难关，把曾经薄弱的中国航空业从“仿制时代”带入“自研时代”。
如今的中国已经装备了歼-10、歼-11、歼-20等战斗机，但歼-8永远不能被我们忘记。它代表那个时代中国军事发展的水平、希望与底气。

第三话

火星，我们来了

宁宁，我们为什么要来山顶看火星啊？
山顶啊，没有光污染。这样用天文望远镜看火星时才能看得更清楚啊。

火星可真好看啊！咱们要是能离近些看就好啦！
当然可以啦，2021年，我们的天问一号已经成功登陆火星啦！

天问一号是什么啊？
这你都不知道？天问一号是执行中国首次火星探测任务的探测器啊！
那它为什么叫“天问”呢？
屈原有一首诗的名字叫《天问》。
天问
上下未形
何由考之
这个名字的意思是我们探求科学真理，征途漫漫，追求科技创新，永无止境！
你现在说话越来越有科学家范儿了！咱们能去探索火星吗？
当然啦，科技馆里会有很多介绍，明天去看看吧！
好啊！

安安，火星探测器就在探索发现厅里，快走，再上一层就到了。
你着什么急呀，慢点儿，等等我！
你可以用这个遥控多媒体手柄，去控制勇气号火星探测器完成探秘任务！
就是这里，安安你看，这个互动游戏可以观察火星。

大家请往这边看，这个微红色的球体就是火星，因为火星表面有一层微红色的氧化铁，因此又被称为“红色行星”。
姐姐，我看过火星的照片，是天问一号从火星上传回来的。
是的，天问一号探测器是2020年7月23日发射升空的，它的发射标志着我们国家自主行星探测迈出了第一步！
阿姨，天问一号是什么样的呀？
天问一号探测器是由三大部分组成的，有环绕器、着陆器和巡视器，总重量有5吨呢！
环绕器
巡视器
着陆器

姐姐，我也想问个问题，天问一号环绕器是怎么进行火星科学探测的呢？
它用的主要是7个有效载荷，包括中分辨率相机、高分辨率相机、环绕器次表层探测雷达、火星矿物光谱分析仪、火星磁强计、火星离子与中性粒子分析仪和火星能量粒子分析仪。
听起来可真是高大上啊，科技感满满！那天问一号的任务是什么呢？
天问一号主要有三大任务：一个是探测火星生命活动信息；一个是研究火星的演化和类地行星的比较；
还有一个就是探讨火星的长期改造。今后人类有可能会大量移民火星，在火星上建立人类的第二个栖息地。

宁宁，我好想去火星，想去看看火星车！
我也想啊，要不，咱们问问薪火？
嗖
薪火，你能带我们去看看火星，看看天问一号吗？
没问题，你把笔记打开到“天问一号”那一页，马上带你们去探索火星的奥秘。
天问一号

太棒了！薪火，那你能不能告诉我，火星上到底有没有水啊？
当然啦！
我们的天问一号在着陆区附近的板状硬壳岩石中已经发现了含水矿物，证明了在距今10亿年前，着陆区存在过大量液态水活动。
含水矿物
太好了，那人类就可以移民去火星生活了！
嗯哼，一切皆有可能！

薪火，我们怎么才能到火星啊？得飞行多久啊？
等我们到了火星，得多大岁数了啊？等我们回学校，还能继续上学吗？
哈哈哈！
你这都是些什么稀奇古怪的问题，我又不是真的带你去火星，我只能帮你身临其境，感受一下过去真实发生的场景。
那就快点儿吧！我已经迫不及待了！

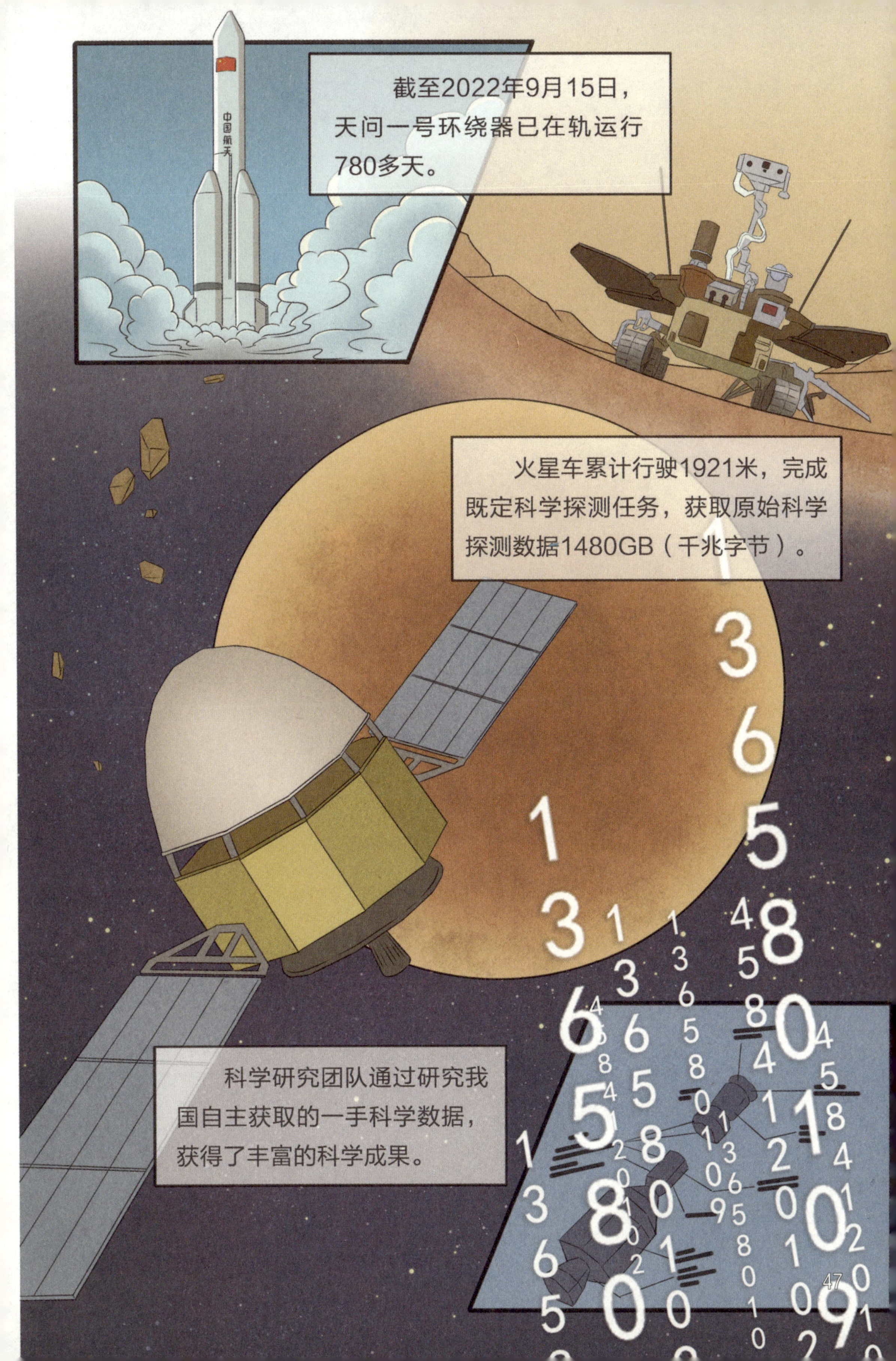
中国航天
截至2022年9月15日，天问一号环绕器已在轨运行780多天。
火星车累计行驶1921米，完成既定科学探测任务，获取原始科学探测数据1480GB（千兆字节）。
科学研究团队通过研究我国自主获取的一手科学数据，获得了丰富的科学成果。

第四话
火星漫游——张荣桥

啊
震颤
我浑身都在震动！哇，我的脸在发抖，这太神奇了！
我们是在天问一号里吗？我的眼前像快速放电影一样，这是怎么了？
现在是2020年7月30日，我们出发了！坐好啦！天问一号搭乘长征五号遥四运载火箭，从海南中国文昌航天发射场发射！
压力好大啊，我有点说不清楚话了……

现在是2021年2月，天问一号在宇宙里飞行了7个月，目前到达了火星附近。
准备好！我们要开始绕轨盘旋了！
啊！火星太壮观了！

现在是2021年5月15日凌晨，天问一号在火星上盘旋了三个月，火星探测器开始降落！
为什么要盘旋那么久呢？
那接下来呢？
火星探测器要确定最安全和有利的着陆点，之后才能降落啊。只能成功，不能失败！
我们要进入火星大气层了，还有“魔鬼7分钟”！
什么叫“魔鬼7分钟”？听起来这么吓人！
“魔鬼7分钟”指的是火星探测器要在7分钟之内自行完成着陆火星的任务。在这期间，地面无法干预，所有的信号也必须要全部关闭，是科学家及科研人员最为紧张的时刻。

~啊~~太刺激了!~~
我们已经在火星成功着陆了!
天问一号太棒了，居然通过了这么多考验，成功着陆火星，真是太伟大了。
伟大的不仅仅是天问一号，还有我们的科学家!你们知道天问一号的总设计师是谁吗?
天问一号的总设计师叫张荣桥，火星探测器成功着陆后，他激动得都哭了。走，我带你们去认识认识张荣桥总设计师!
是谁呀?

国家航天局新闻发布会
人声嘈杂
各位媒体朋友们！这位就是火星探测器的总设计师张荣桥。张总，我看到一张登陆照片上有一面国旗，这有什么意义吗？
这张照片拍摄的时候，正好是火星上的中午，所以我们可以看到着陆平台熠熠生辉，国旗鲜红方正，这是我们中国人在火星表面留下的永久印记。
在现场很多您的同仁都显得很平静，甚至很镇定，但是您却哭了，这眼泪里都包含了什么？

据我所知，我们在场的绝大多数同志都流下了眼泪。
眼泪有两种成分：一是激动，因为我们经过了6年的研制生产，在发射场坚持了110多天，发射后又飞行了202天。
之后在环火轨道又日夜坚守了93天，为的就是我们今天的成功着陆，这个目标我们如期实现，这也是我们完成了对国家的承诺。

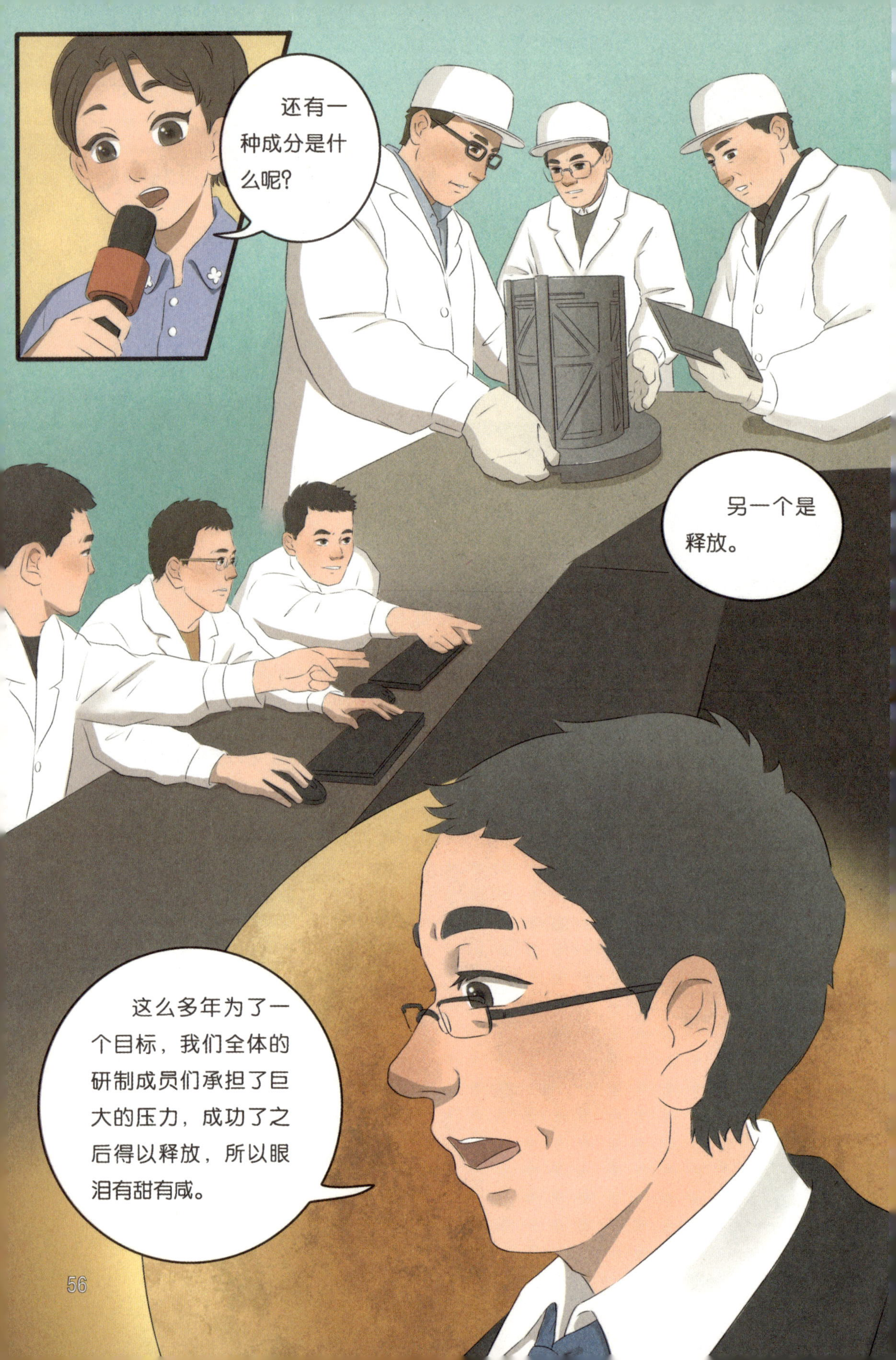
还有一种成分是什么呢？
另一个是释放。
这么多年为了一个目标，我们全体的研制成员们承担了巨大的压力，成功了之后得以释放，所以眼泪有甜有咸。

宁宁、薪火，我们的科学家真的好伟大啊！
是啊，我太感动了！
星辰大海的征途上，我们永不止步！

ASTRONAUTICAL
IAF
MEMBER
2022年9月18日，天问一号火星探测任务团队获得国际宇航联合会2022年度“世界航天奖”。

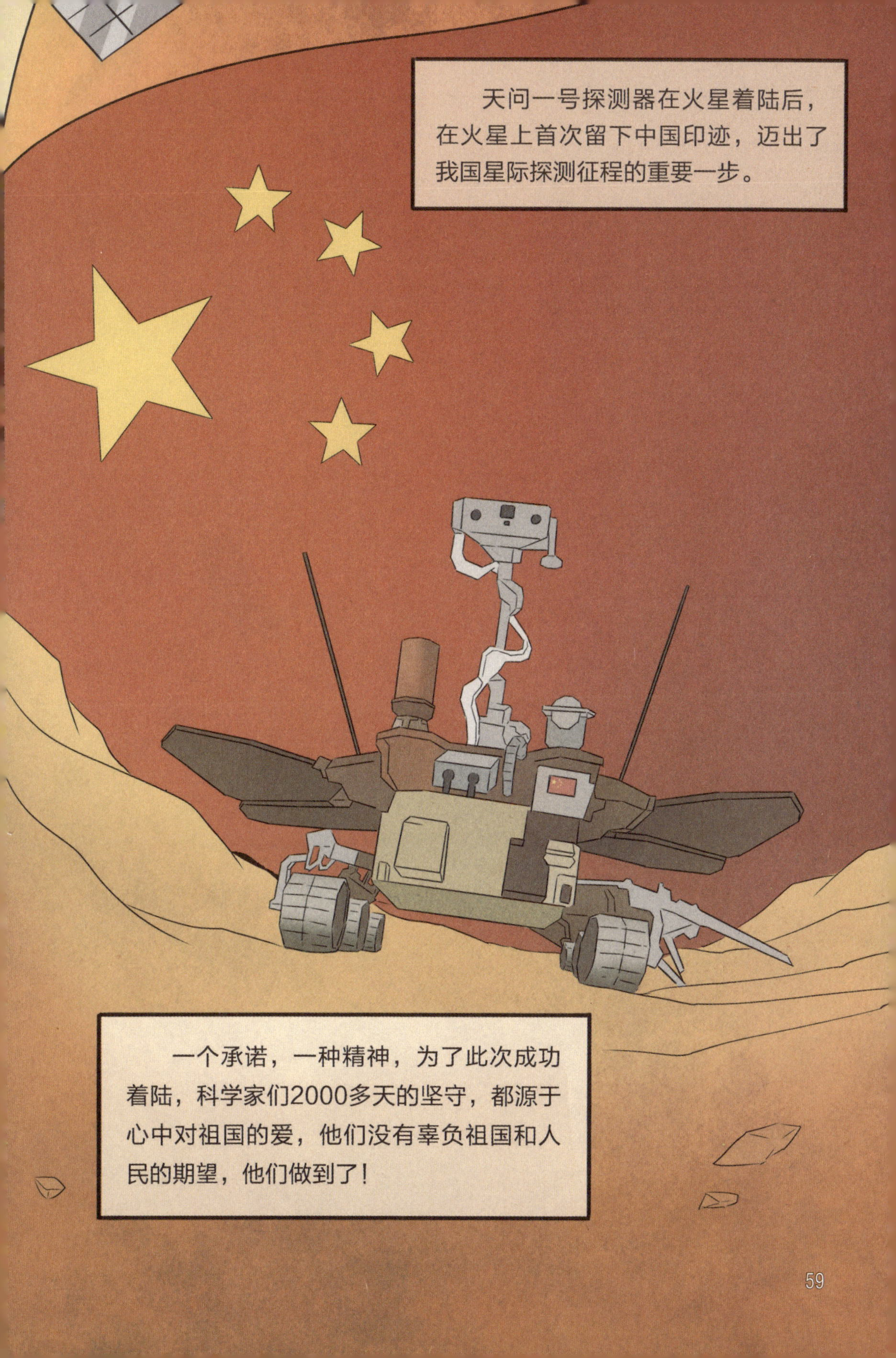
天问一号探测器在火星着陆后，在火星上首次留下中国印迹，迈出了我国星际探测征程的重要一步。
一个承诺，一种精神，为了此次成功着陆，科学家们2000多天的坚守，都源于心中对祖国的爱，他们没有辜负祖国和人民的期望，他们做到了！

蛟

第五话

中国深度

可上九天揽月，
可下五洋捉鳖，
谈笑凯歌还。

世上无难事，
只要肯登攀。
今天的课就上到这儿。下课！

上九天揽月，下五洋捉鳖。是什么意思呢？
宁宁，这句话的意思是说，借助科学的力量，人类即使是到天上摘月亮或到五大洋去捉鳖都不是问题。
美轩，我们国家已经实现了上天揽月，下洋捉鳖。
天骄，你说的上天揽月我知道，那下五洋捉鳖是什么啊？
老师叫我去办公室，我没时间和你们闲聊了。
安安，我看天骄也未必全都知道，咱俩去找薪火吧！

水面水面，舱口盖关闭完毕，可以起吊入水。
蛟龙
蛟龙，准备起吊。

安安，蛟龙号是干什么用的？
这个……我也不太清楚。
蛟龙
你们看到的是新中国成立以来第一艘自主设计、自主集成研制的载人潜水器：蛟龙号。蛟龙号海试实现了我们可下五洋捉鳖的理想。

这里是“蛟龙”，这里是“蛟龙”。我们已经坐底7020米！
薪火，这个蛟龙号有什么用啊？
它能下潜到地球上最深的地方，并且可以进行完整的科研作业，这表示全球的海底就没有我们中国人不能到的地方。
蛟龙
原来是这样啊，那我们可太自豪了！

海底蕴含着大量的资源，比如说：石油！
海底的石油其实比陆地上的还要多得多，有了这项深海潜水技术，我们国家对深海资源的勘探也会达到一个全新的高度。
石油
原来这么厉害啊，那研制这个大家伙应该需要很多人吧？

你说得没错，中国船舶重工集团公司第702研究所、中国科学院沈阳自动化研究所等国内深海装备研发优势单位都是蛟龙号项目研制的骨干力量。
CSIC
蛟龙

我们沈阳自动化研究所也参与其中啊？作为一名沈阳人，真是好骄傲啊。除了蛟龙号，我们国家目前还有其他的载人潜水器吗？
奋斗者
继蛟龙号之后，2020年我国“奋斗者”号载人潜水器在马里亚纳海沟成功坐底，下潜深度达到10909米，创下新纪录。
宁宁，这蛟龙潜水的场面真是太让人震撼了，我终于理解“下五洋捉鳖”的真正意义了。

我国首艘深海载人潜水器被命名为蛟龙号。它的名字具有独特的中国式浪漫。
蛟龙
蛟龙，寓意“蛟龙入海”，它让全世界看到了“中国龙”游向深海，去领略充满奥秘的海底画卷，去探索无穷无尽的海底宝藏。

蛟龙

第六话

蛟龙入海——徐芑南

蛟龙号海试现场
向阳红9号工作母船
向陽红
09
徐芑南
同志们，咱们今天中午吃什么呀？
徐总啊，蛟龙号海试快两个月了，现在咱们向阳红9号工作母船上的叶菜早都吃光了。
是啊，今天中午啊，只有萝卜烧土豆。
就没有别的菜了？
哈哈哈
哈哈哈！这不是一回事嘛！
有啊！还有土豆烧萝卜！

徐总，吃什么菜倒是不要紧，您治疗心脏病的药，可一定要按时吃啊！
放心吧！别看我今年73了，可是我这体格啊，还是铁打的！
还是要小心身体啊！
没关系，这可是蛟龙号第一次海试，我就算拖着药箱子，也必须挺下来！
这是2009年，这就是蛟龙号的总设计师徐芑南。
这个船可真大啊！
船上连叶菜都没啦！条件也是够艰苦的了。徐爷爷的头发都白了，还在船上坚持工作呢。

为什么徐芑南爷爷都73岁了，还要承担这么艰巨的任务？
因为他曾经研制出多种类型载人潜水器和水下机器人，是业内公认的载人深潜器领路人啊！
那他带病怎么工作啊？
“国之所需，我之所向。”顾不得自己的身体状况和家人的反对，本已退休的徐芑南院士，在收到国家的召唤后，重新回到科研一线。

那蛟龙号海试，下潜到那么深的地方，有没有危险啊？
蛟龙
当然了。
进行3000米级海试的时候，就曾遇到很大考验。当时舱里的一枚穿舱件被腐蚀，导致舱内接口处有点儿渗水，但这很难被察觉。
水
腐蚀
水
假如当时没有及时检测到，万一腐蚀严重，面对海水高压的冲击力，后果难以想象！

那我们的科学家不是有生命危险吗？
是呀！如果这个问题发生在7000米水下，水压会高达700个大气压，一旦水流直接喷射向舱内，威力恐怕要甚过一把刀，机毁人亡。
蛟龙
啊！好危险啊！
为了攻克这些难题，潜航员、指挥部都承受着难以想象的压力。每一次成功下潜后，大家真的是热泪盈眶，互相拥抱。那种激动，不在现场的人难以体会。

太棒了！徐总，我们终于成功了，这回您可得好好休息了！
哈哈，我没事，我这一高兴啊，什么毛病都没啦！
哎哟哟～
徐总！您怎么了？您的脸色怎么这么苍白啊？
我胸口有点儿疼……
徐总还出了这么多汗，是不是心绞痛犯了，快找药！

没事的，你们忙吧，我躺一会儿就好了。
您好几个小时守在水面控制室，身体哪能受得了啊！
来了来了！药来了。
没关系，服了药，平躺一会儿，吸吸氧就行了。

宁宁，明天我要把这个故事讲给天骄他们听，给他们好好科普一下什么叫“下五洋捉鳖”。
那今天发生的事，你确定你都记得？
这不是有你的薪火笔记吗？你借我看看。
那可不行，这可是我的。
哈哈哈，你追到我再说！
你别跑！把你的薪火笔记借我！

蛟龙号团队十年磨一剑，实现了中国大深度载人潜水器的“从无到有”，从浅蓝走向深蓝，缔造了中国载人深潜的辉煌篇章。
蛟龙
蛟龙号成功的背后，体现的是中国载人深潜精神——严谨求实、团结协作、拼搏奉献、勇攀高峰，每一个科学家都贡献了他们的智慧和力量。

现在，徐芑南院士依然活跃在深潜科研最前线，向着更新的目标进发。

第七话

航母军团

18

新 闻

经中央军委批准，我国第三艘航空母舰命名为“中国人民解放军海军福建舰”，舷号为“18”。

刘华清将军是谁呀？
刘华清
刘华清将军被称为“中国航母之父”，1970年的时候，他组织第一次航母论证会，但是后来啊，航母建造搁置了好多年。
哦，那可太遗憾了！爸爸，你在辽宁省科学技术馆工作，科技馆里有没有航母啊？我想去看看。
科技馆工业摇篮厅入口处那个大大的模型就是辽宁舰啊。

薪火，你能不能带我去见见刘华清将军？
什么？你想见刘华清将军？那咱们得去1980年。
为什么呢？
1995
1991
2015
2000
1980
因为刘将军当时是解放军副总参谋长，他带领中国军事技术代表团访美，第一次登上了美国的航空母舰。
时间穿越回1980年

1980年，美国航母甲板上
将军，咱们今天参观了美军“小鹰号”航母，咱们什么时候才能有自己的航母啊？
经济实力尚难支撑，科技水平也有差距啊。
咱们中国也得造航母啊！
是啊！中国需要航母，过去是有什么武器打什么仗，现在是打仗需要什么武器，我们就制造什么武器。
刘将军，我们今天看到的不多，看来美军对他们核心的技术和装备还是有保留啊！
我相信啊，在社会主义现代化事业建设过程中，咱们一定能造出中国的航空母舰！

薪火，这位和蔼可亲的爷爷，就是刘华清将军吗？
对啊，他是一个当之无愧的战略家。他的梦想就是中国能拥有自己的航母。
辽宁舰
山东舰
现在我们有自己的航母了，我们有辽宁舰、山东舰和福建舰呢！
刘华清将军，一生对航母情有独钟，是我国最早提出近海防御战略的人。
福建舰

那他看到咱们建造出航母了吗?
建设强大海军，发展航空母舰，是这位老人一生的梦想。他还说过一句话：“如果中国不建航母，我死不瞑目！”
2011年1月14日，刘华清将军带着遗憾与世长辞。他终究没能在有生之年看到我们自己的航空母舰……
唉，真遗憾啊！

薪火，我还想知道咱们的航母是怎么建造的？
建造一艘航母可没有那么容易。
全球200多个国家中，只有8个国家有航空母舰，能够独立建造8万吨航母的只有中国和美国。
为什么啊？
首先啊，这航母很费钱，建造一艘航母需要上百亿美元。
这么贵！

瓦良格号
航母的设计图纸也非常复杂。就拿我们辽宁舰来说，它的前身是乌克兰尼古拉耶夫黑海造船厂建造的瓦良格号，购买历经曲折，用了2年7个月才来到中国。
还有，航母的甲板需要特殊的钢板，工艺要求和生产难度都很高。
这么复杂啊！
要建造航母还得有大型造船厂，造船厂选址要靠近海域，要有建造万吨以上大型军舰的能力。
我要去科技馆看看辽宁舰模型！

能源变迁
宁宁、安安，你们俩了解辽宁舰吗？
能讲讲辽宁舰吗？
当然了！工业摇篮厅门口的模型就是辽宁舰！
辽宁舰那么大，上面都有什么啊？
有舰载战斗机、攻击机、预警机、搜救机、反潜机、运输机和我们海军将士，一般航母护航舰队包括巡洋舰、驱逐舰、护卫舰、潜艇和补给舰。
哇！宁宁，你懂得真多。你亲眼看到过辽宁舰吗？
没有啊，但是我真想去中国航母上看一看！

第八话

航母情怀——朱英富

宁宁，这是在干什么啊？
这应该是辽宁舰正式交付中国海军仪式现场。难道我们回到了2012年？
是的，我们现在就是在2012年9月25日！
今天是个特殊的日子，中国第一艘航空母舰辽宁舰正式服役。
2012年9月25日

薪火，你不是说建造这个航母很难、很复杂吗？
那当然了，相比一般水面舰艇，航母更像是一个微缩版的城市。
舰载机需要具备起降功能、航母的航行性能要有所保障、舰上各舱室要布局合理、舰岛上电子设备要相互兼容……生活在这座“城市”里，一切工作和生活都要有序展开。
哇，航母就是移动的海上城市啊！

这个航母真的好威武啊，不知道这是哪里的科学家、工程师设计制造出来的，这么厉害！
“航母，非大国难造也！”
走，我带你们去2005年的航母建造现场——大连造船厂，认识认识总设计师朱英富！

2005年5月
大连造船厂干船坞
朱总，瓦良格号里边也没剩下什么了，主锅炉除本体外，燃烧系统、控制系统、辅机辅件、阀门仪表全都没有啊！
瓦良格号
是呀，朱总，航母上的舰载武器也一个不剩，全被拆除了。
朱英富
没关系，我们没有图纸、没有计算书、没有资料，只能利用现有条件，由实物开始反推，做反设计。
这可真是个大工程，完全是重新建造啊。
没错，我们自己动手创造奇迹！
从零开始进行科技攻关，给瓦良格号第二次生命！

朱总，您都60多岁了，可要注意休息，注意身体啊！
我们时间紧、任务重，必须要抢时间，加班加点，保证施工质量。
争取用15个月的时间完成30个月的工作量！舆论这么关注，民众这么期待，每一秒都不允许浪费！
你们看，那位鬓角斑白的老人就是朱英富总设计师。他一直有个心愿，就是亲手设计建造中国自己的航母。正是在他的带领下，几代人的航母梦终于实现了。

他有建造航母的经验吗?
他曾经主持设计了不少驱逐舰、护卫舰，这些经验都是日后设计航母的基础。
他曾说过“报国不是虚的，把这个工作做好就是报国、爱国”。他带领团队仅用8年时间，就把钢铁废墟改造成一座现代化的航空母舰，真是用行动在报国、爱国啊!
从零开始改造可不容易啊!
没错，以当时情况，想要设计建造航空母舰，难度相当于从北坡攀爬珠穆朗玛峰。

那朱总的压力很大吧?
当然，改造瓦良格这样一个半成品，和重新建造一个航母没什么两样，朱英富肩上的担子很重。而且不只是他，所有参与项目的科学家、工程师的担子都很重。
是呀，用15个月完成30个月的工作量，难以想象。
因为缺乏经验和参考资料，整个研发团队在项目开始时完全无从下手。为了争分夺秒完成建造任务，有15位设计师牺牲在了岗位上。
太让人痛心了!

罗阳
其中，负责歼-15舰载机项目的总设计师罗阳，是我们沈阳人，因为突发心梗在工作岗位上殉职，牺牲时才51岁。
这是我们沈阳的英雄，也是中国的英雄啊！
这些科研英雄真的做到了鞠躬尽瘁、死而后已，他们拼搏奋斗直至生命的最后一刻！辽宁舰的军功章有他们的一半！所有中国人都不应该忘记这些科研英雄！
16

2012年，中国首艘航母“辽宁舰”正式服役。
16
2019年，“山东舰”竣工服役。
17

2022年，“福建舰”下水。
18
正是因为第一代航母人的艰苦奋斗、上下求索，才有了今天的技术积累和爆发。随着中国航母军团从无到有、从弱到强，相信15位科研英雄如有在天之灵，也一定会感到欣慰的。

第九话

地下城市

科技生活A厅

CNR
地铁逃生
今天科技馆的人还真多啊！
你看这个地铁模型，怎么这么多人啊？
咱们也去看看，他们在做什么？

大家好，欢迎来到模拟地铁车厢！
姐姐，请问我们在这个模拟车厢里能了解到什么啊？
虽然我们生活中经常乘坐地铁，但是大家却不了解地铁中的应急设施。
当我们坐地铁的时候，地下空间是有局限性的，而且地铁里的客流量也非常大，所以安全对于乘客来说是极为重要的。
消火栓

都有哪些应急设施呢？
大家看到的这个地铁车厢就是模拟沈阳地铁一号线建造的，地铁上配备了大量的安全设施，这些设施我们平时看不到，或者通常情况下是不允许触摸的。
欢迎来到
沈阳地铁一号线
互动体验
在这里，大家可以通过观看视频和互动体验来了解地铁车厢内的应急设施。
互动体验

这些座椅和车厢摸起来不像塑料的，有什么特殊的吗？
它是特殊的防火材料，有很好的阻燃性，极大地降低了紧急火警情况的发生概率。
对呀，如果地铁里着火了，那可非常危险。
是的，如果遇到突发紧急事件，乘客可以掀开车门上方的保护罩，按下紧急报警器，同时可与驾驶室进行通话，汇报具体情况。
按
司机收到警报后，会通知工作人员来进行了解和处理。

那我们能打开车厢的门吗?
可以的，车厢里面安装了紧急手动车门解锁装置，可以拉下或旋转解锁手柄，这样手动就可以拉开屏蔽门。
1
2
3
姐姐，车厢里的安全锤怎么用啊?
必要的时候，乘客可以取出安全锤，打碎车窗玻璃，从窗口疏散或者逃生。如果着火的话，座椅的下面还有灭火器。
使劲!

姐姐，我听说乘客还可以从驾驶室逃生。
驾驶室
是的，驾驶室外有一个解锁装置，可以打开驾驶室，乘客可以从驾驶室内的紧急疏散门离开。
如果遇到紧急状况，司机也可以按下驾驶室里的紧急制动按钮，停止地铁的运行。
紧急出口
刚才给大家介绍的是地铁安全运行的紧急装置，是仅限在紧急状态下使用的。
在平常的安全状态下，任何人是不能够随意启动这些设施的，不然会造成严重的安全事故，并且会被追究法律责任。
现在，大家可以跟我从紧急疏散门走出地铁，体验一下地铁逃生的场景。

宁宁，你说城市里为什么要建造地铁呢？
因为国家的经济发展越来越快，大城市里人口越来越多，小汽车也越来越多，所以容易交通拥堵呗，地面上堵，就可以从地下走。
宁宁说得非常对，为了满足大家的交通需求，给城市带来更多发展机遇，我们需要更方便、舒适、快捷、惠民的公共交通工具，这就是地铁。

除了解决交通问题，地铁对我们还有什么好处呢？
地铁的运输能力和速度都是公交车、私家车比不了的。
所以啊，它可以大大地提高城市交通运行效率，让城市各个区域的沟通更顺畅，带动城市周边经济发展，让各区域的发展更平衡。
对呀，这样我们的城市就会发展得越来越好。
另外，地铁还有人防的功能呢！因为地铁大多建在地下，既安全，又稳定，是一个城市重要的人防工程。

人防工程是什么意思啊？
如果鸣响警报时，你刚好位于地铁附近，就可以进入地铁内进行掩蔽。
当城市受到空袭威胁时，会鸣响防空警报，提醒居民及时进行疏散和隐蔽。
哇！地铁真的很重要呢！
薪火，那咱们国家的第一条地铁是怎么建造出来的呢？
施仲衡
走，我带你们去认识一下带头研制中国地铁列车的施仲衡院士！

第十话 地铁脊梁——施仲衡

老师，您老这么大岁数了，还来地铁里溜达。
哎呀，北京地铁是我建设的，只要身体条件允许，我得经常来走一走，看一看啊！
您看您，1号线、2号线、4号线……都让您走遍了。
建造地铁是我这一辈子做得最专注的事情。我这一辈子啊，最高兴的就是看到地铁连接城市的千家万户，为大家带来便利，为城市带来活力。

那您觉得现在地铁还存在什么问题吗？
设备越来越好，乘坐越来越舒适。
但我也发现，运营效率还有待提高，这个问题就在于线网规划还不够合理，线路间的换乘时间很长，这些都是有待优化的。
出
出

是呀，我们以后一定会做得更好。
我有个问题啊，那您当年是怎么和铁路结缘的呢？
这是受到了我的舅舅陈昌言的鼓励呀。
他是著名桥梁专家，后来担任南京长江大桥的总工程师。中学毕业时舅舅对我说：“你去学铁路吧。”
陈昌言
哦！原来是这样。

是啊，那时候新中国刚刚成立，百废待兴，我相信未来火车一定会跑遍华夏大地，学铁路大有作为。
您可真是为了地铁奋斗了一辈子啊！
岁月不饶人啊，不过我还想为中国的轨道交通发展做一些事情，我愿意为中国地铁奋斗终生……
感动！

你们看到了吧，这就是施仲衡院士，中国地铁的奠基人！
他是中国第一个被选派赴苏联学习地铁专业的留学生，主持建设了我国第一条地铁。
真牛，这可是我国一流专家、一流大咖！那我们国家是什么时候开始建造第一条地铁的呢？

1958年开始
1958年开始，中国就开始研究修建第一条地铁：北京1号线。
施院士是1930年生人，那时候才28岁，就是他，选择了一个最合适的修建方案，引领了北京1号线的建设。
年轻有为，可真是了不起啊！中国的很多地铁都是施爷爷主持修建的吗？
没错，20世纪90年代，北京、上海、广州，好几个大城市修建地铁，都是施爷爷主持建造的！

他还培养了很多学生，是吗？
刚刚陪着他的就是他的学生。他培养了30多名博士、博士后研究生，现在都是我国城市轨道交通领域的栋梁之材！
带好每一位学生，一直是他孜孜不断的追求。
这些科学家是怎么取得成功的呢？他们都有一种什么精神呢？

他们都特别专注，坚持不懈才能成功！一般人到了花甲之年，就可以告别工作岗位，颐养天年了。可施仲衡院士呢，60岁之后，他反而更加忙碌了。
是呀，我看他已经很大年纪了。
到了古稀、耄耋之年，施仲衡院士还带领团队攻坚轨道信号等地铁自动化运营技术呢！

对于施仲衡院士来说，最大的荣誉和奖励莫过于在自己的有生之年可以看到曾经的梦想开花结果。

看到我们国家的城市轨道交通事业蓬勃发展。
这一步一个脚印，就像地铁隧道修建中盾构机的一寸寸推进，大家齐心协力，才能开创中国轨道交通事业今天和未来的辉煌。
未完待续

薪火——致敬科学家精神 2

辽宁省科学技术馆 编著

NPM 北方联合出版传媒（集团）股份有限公司
辽宁科学技术出版社

薪火——致敬科学家精神 3

辽宁省科学技术馆 编著

北方联合出版传媒（集团）股份有限公司
辽宁科学技术出版社

作者简介

辽宁省科学技术馆是一座集科学普及、科技交流、人才培养、科技创新服务于一体的综合性特大型科技馆，是首批全国科普教育基地，是辽宁省重要的科普宣传阵地和科学文化交流平台。场馆建筑面积10.25万平方米，2015年开馆以来，实体馆累计接待公众1600万人次，数字科技馆服务公众9000万人次，培养科技创新人才260万人次，举办科创活动1000余场，为推进教育、科技、人才融合发展，助力全民科学素质提升和高水平科技自立自强做出突出贡献。荣获“辽宁五一劳动奖状”“全国科普工作先进集体”等100余项省部级荣誉，致力于打造“有温度的科技馆”，高质量创建“全民的科学中心”。

擎“科学家精神”之炬 书新时代奋斗华章

翻开这本书，你就成了一把薪火，一把点亮科学梦想、致敬老一辈科学家奋斗年华的薪火。你也将是一位传递者，将科学家的精神薪火相传。

何为科学家精神?

殷殷爱国情，拳拳赤子心。从李四光、钱学森、钱三强、邓稼先等一大批老一辈科学家，到黄旭华、顾诵芬、徐芑南等一批后成长起来的杰出科学家，都是爱国科学家的典范。在广袤的中华大地上，处处闪动着科学家默默耕耘奉献的身影，处处闪耀着伟大的科学家精神：胸怀祖国、服务人民的爱国精神，勇攀高峰、敢为人先的创新精神，追求真理、严谨治学的求实精神，淡泊名利、潜心研究的奉献精神，集智攻关、团结协作的协同精神，甘为人梯、奖掖后学的育人精神。

科学成就离不开精神支撑。一代又一代科技工作者心怀“国之大者”，铸就了“爱国、创新、求实、奉献、协同、育人”为内涵的科学家精神，为实现中华民族伟大复兴的中国梦凝聚起磅礴力量。

如何传递科学家精神?

辽宁省科学技术馆秉持着打造“有温度的科技馆”的理念高质量创建“全民的科学中心”，不断提升自身的科普能力和影响力，推动科学技术的普及和发展，通过打造《薪火——致敬科学家精神》原创专题栏目，引导青少年爱上科学，以科学家为偶像，助力科普“破圈”。栏目一经上线，引发全网关注。上线首日新华社客户端、新华网客户端、人民网、中国新闻网客户端、光明网等数十家国家级媒体予以报道，传播量破千万次。《薪

火——致敬科学家精神》原创有声漫画荣获中央网信办“2022 年中国正能量网络精品”荣誉，并在 2022 年度、2023 年度辽宁省优秀广播剧大赛中荣获优秀广播剧、创新作品、优秀合成等多个奖项。

如今出版同名《薪火——致敬科学家精神》系列图书，激发青少年读者的科学兴趣，点亮他们心中的“精神火炬”，帮助他们树立坚定的科学理想，让科普传播持续升温，让科学家精神在青少年心中生根发芽，擎起新时代科学家精神的火炬，主动传承和弘扬科学家精神，把自己的人生追求汇入民族复兴的时代大潮，争做堪当民族复兴重任的时代新人。

如何做活科学家精神传递？

在这本书中，读者可以和未来科技相拥抱，在 2122 年云计算、大数据、元宇宙以及人工智能飞速发展的时代里遨游，也可以在“薪火”的带领下，同“宁宁”“安安”一起开启科学探索之旅，近距离地感受到我国的大国重器，可上九天揽月，可下五洋捉鳖！向天发问，星际探索永不止步，见证歼-8鹰击长空，“辽宁舰”巨舰擎梦，剑指深蓝……也将遇到把一切献给祖国蓝天的顾诵芬院士，向海而行、勇往直“潜”的徐芑南院士等数位科学家。以富有童趣的方式和生动的故事情节让青少年爱上科学，立志成为传递科学家精神的“薪火”。

曾有人说过这样一段话：“你做科研是为了什么？是为了人类的进步？为了大多数人的幸福？为了国家的富强？还是只为个人和小家庭优越的物质生活？不同的答案，注定会有不同的人生方向、人生高度和厚度。”科学是大国崛起的疆场，科学是民族复兴的温床，科学的火炬需要一代代人接续传递，才会光芒万丈、薪火相传。

辽宁省科学技术馆 刘晓峰

人物简介

薪火：

一个来自宇宙神秘区域的小精灵，能够藏身于科技馆的图书之中，了解人类科技，有神奇的穿越功能，能够带领人类回到过去看望科学家，感受当时的科技大事件。由于在宇宙中航行时一次偶然失误，导致飞行器失去能量而来到地球，同时因为能量不足，头发变成了红色。宁宁和安安在科技探索过程中描绘科学家画像，可以帮助它恢复能量，回到宇宙。

宁宁：

本书的主人公，一名中学生，父亲是科技馆的工作人员。性格冷静，喜爱学习和钻研科技常识。一次偶然计划邂逅了能量不足的薪火精灵，宁宁只有完成100个科学家画像，才能帮能量不足的薪火精灵回家，宁宁为此不断地努力着……

安安：

宁宁的好朋友，也是同班同学。性格活泼，喜欢跟宁宁一起学习科技小知识，是宁宁的好帮手、好搭档。他下定决心帮助宁宁探索宇宙的科技奥秘……

美轩：

宁宁的同桌，长相甜美，性格温柔，对宁宁和安安这样的科技小达人非常崇拜。

宇航：

宁宁的同学，性格憨厚，但又很贪玩，是同学们的开心果。他总想跟宁宁和安安学习科技知识，但又总是因为贪玩而记不住。

天骄：

宁宁所在班级的班长，性格严肃认真，有扎实的科技知识功底，渴望有更多机会了解到更丰富的知识，喜欢和宁宁、安安一起学习。

目录

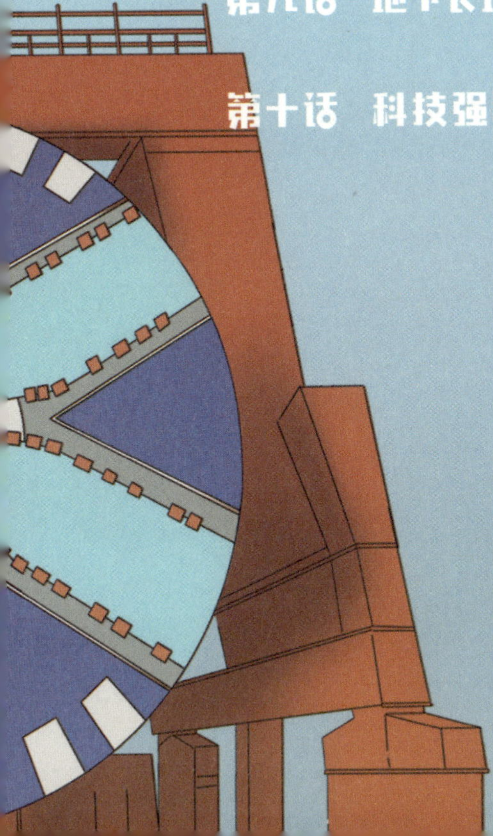

第一话

深海潜艇

安安，你家里的书好多呀！
是啊，有没有好书推荐一下，咱们俩准备全区初中生科技大赛能用得上。
那我推荐《海底两万里》吧！这本书里讲平静的大海里有一头巨大的“独角鲸”……

我知道！那其实是一艘巨大的潜艇，叫鹦鹉螺号。
没错，后来，世界上第一艘核潜艇也叫这个名字。不过我纳闷的是，核潜艇能在海底世界里航行两万里吗？这个值得咱们研究研究。
是啊！我也想了解一下咱们国家的核潜艇呢。
你们俩还真不愧是科技小达人啊！什么时候都不忘记科学研究啊！

宁宁，海边可太冷了，你看海岸边都结冰了。
咱们要研究核潜艇啊，就得有点儿氛围，就得来海边看看。
薪火，我和安安马上要参加全区大赛了，我觉得很有必要了解一下核潜艇，你快给我们讲讲吧。
好吧，那你们想知道什么呀？
薪火，核潜艇里的工作环境是不是很艰苦啊？
当然啦，我带你们去看看吧！
好啊，那我们快去吧！

2021年4月
青岛，我国核潜艇基地
战友们，这是今天来采访的记者李纯。
中国海军某潜艇基地参谋长王忠辉
记者李纯
欢迎记者采访！
我想了解一下，潜艇内的环境有多艰苦啊？
在水下，没有白天黑夜，只能按照时间点工作和休息。出海一星期以后，人的生物钟就混乱了。
而且艇内环境狭小，空气中存在有害气体，易使人疲劳。出海归来需要一段时间的休整，最明显的就是睡眠不好，两三个小时就醒。

薪火、宁宁，咱们这是跟着记者一起来采访啊？
嘘，小点声。
快好好听采访内容吧。
那咱们这是第二代某类型潜艇吧？
那这里的工作和生活环境，与第一代潜艇相比怎么样？
已经有了很大改善。更重要的是，二代艇的基本性能，特别是作战指挥系统得到大幅提升，武器装备也更新换代，作战能力显著提高。

能不能介绍一下第一代潜艇？
402
1970年12月，我国某类型潜艇首艇“长征一号”正式下水，可以说啊，我国海军潜艇部队新的“水下长征”迈出第一步。
之后50多年，咱们部队先后完成90昼夜长航、300米极限深潜、水下发射运载火箭等很多重大任务，创造了中国海军潜艇发展史上的20多个首次和第一！
那第二代潜艇的特点是什么？
这个问题让曾任该类型一代艇艇长和二代艇首批艇长的刘云海来回答吧。

一代艇当时只是解决“有无”的问题。新一代潜艇武器性能、潜艇动力、隐秘性、居住环境等方面都有了质的飞跃。
就说舱内空气净化能力吧，二代艇的二氧化碳含量比之前就下降了0.3%。
0.3%？那能有什么影响啊？

别看只是这百分之零点几，工作人员在设计上要下功夫。
制造部门设备要有改变，交给部队才能在使用上得到更好控制。
各方都在努力。
装备的更换不是简单地换个型号，最终的贡献是战斗力的提高。

你们知道吗？就在记者在这个基地采访时，一艘新型潜艇正在大洋深处执行战备巡航任务。
哇！难以想象！
这就是咱们科学家的研究成果啊！新装备研究成功、投入使用后，战士们也迅速掌握了武器性能。

我国科学家着力攻克核心技术，勇于攀登科技高峰，为把我国建设成为世界科技强国做出新的、更大的贡献。
在核潜艇的研究方面也是如此，在科学家们的努力下，新装备不断列装。
中国潜艇部队近年来也从未停下练兵备战的步伐，官兵们抓住历史契机，推动战斗力建设跃升至新的台阶。

第二话
核潜艇之父——黄旭华

1970年12月26日，海军青岛基地，中国人自行研制设计的第一艘鱼雷攻击型核潜艇正式下水。
太棒了！
厉害！
太厉害了！
你们不是要了解核潜艇吗？这里是人民解放军海军青岛基地，长征一号核潜艇马上就要驶出平台，正式下水了。
薪火，这是哪儿呀？这里怎么有一艘这么大的核潜艇，像一条大鲸鱼一样！前面还挂着大红花！

哇！平台上的人可真多啊，能有一万多人吧！
薪火、安安，那长征一号的总设计师是谁呀？
你们看，那位中等身高、和蔼可亲的先生就是黄旭华总设计师。
咱们快去看看黄总设计师吧！

我太激动了！眼泪都要出来了！黄总设计师，咱们中国第一艘核潜艇终于下水了！
是啊，在没有外援的情况下，我们用了10年啊！不过，国外可是用了几十年才研制出核潜艇啊。
是啊，咱们核潜艇上四万六千多个零部件，都是中国造！
是的，咱们没有用一颗外国螺丝钉！
没有一个零件，没有一点材料是国外进口的，全部是自力更生，是全国大力协同搞出来的！
不过咱们可真是吃了不少苦呢，吃着窝窝头搞核潜艇，有时连窝窝头都吃不饱。
为了让咱们国家成为全球第五个拥有核潜艇的国家！吃再多的苦也值得！

薪火、安安，你们听见了吗，这些科学家太不容易了！
啃窝窝头算什么，他们克服了常人难以想象的困难，试航200多次，才最终圆满完成任务。
咱们国家为什么要付出这么大努力去搞核潜艇研究啊？
因为核潜艇是大国战略威慑力量的重要标志啊。1965年8月，我国第一代核潜艇正式开始研制，而且当时的工作很紧张，工程时间是很紧的。

那科学家们是怎么克服困难的？
这是一代科研人艰苦卓绝的奋斗故事！项目刚启动的时候，因为资料缺乏，参研人员谁也没见过核潜艇的样子，觉得这项研究就像“一个抓不到的梦”。
那他们怎么办呢？
大家的口号是“活着干，死了算！一万年太久了，只争朝夕！”。他们那时没有电脑，仅有一台手摇计算器，就靠拉计算尺、打算盘。

打算盘？那怎么算啊？
没有计算机来计算核心数据，他们就用算盘和计算尺，为了控制核潜艇的总重和稳性，就用磅秤来称。
你可别小看了大家的劲头。
这可真是用最“土”的办法，解决了尖端的技术问题！
所以啊，总设计师现在还珍藏着一把北京生产的“前进”牌算盘呢！这把算盘曾经伴随着他度过了无数个日日夜夜，我国一代艇的许多关键数据都是出自这把算盘。
薪火，我真想看看他们是怎么用算盘完成核潜艇项目的呢！
那咱们就去看看吧！

1965年
陆上模式堆工地
黄总设计师，咱们有太多难以解决的困难了，可怎么办呢？
571
咱们要好好研究美国鹦鹉螺号攻击型核潜艇和华盛顿号导弹核潜艇的情况，摸清它们的主要战术技术性能，才能提高对核潜艇的认识。
怎么去收集资料呢？
要用“三面镜子”：既要用“放大镜”，沙里淘金，追踪线索；又要用“显微镜”，去粗取精，看清实质；更要用“照妖镜”，鉴别真假，去伪存真。

可是数据繁杂啊，咱们只有算盘和计算尺，一个数据有变化就要重新计算。
咱们分成三组，同时计算，如果计算结果都一样，就通过；如果数据有出入，就必须重算，直到得出同一数值。
薪火，整个核潜艇研制团队真是付出了很多努力啊！
是啊，他们把青春和热血都奉献给了核潜艇研制事业。

他的人生经历，诠释了“自力更生、艰苦奋斗、大力协同、无私奉献”的核潜艇精神，这种精神又感召着一代又一代的年轻人献身国防科技事业。在新中国成立70周年前夕，党和国家授予他“共和国勋章”。
我迫不及待要给黄旭华院士画像了呢！

对呀，这是咱们完成的第11个科学家画像！
那你们快加油吧！别忘了，每画满10位科学家还能得到一个蕴含宇宙奥秘的拼图碎片呢！
薪火笔记

罗布泊

第三话 核武威慑

初中生科技大赛
下面有请宁宁、安安同学回答这个问题。
我国第一颗原子弹爆炸是在什么时候？
1964年10月16日北京时间下午3时，中国第一颗原子弹在新疆罗布泊核武器试验场爆炸成功！
那么你们能说出负责第一颗原子弹设计研发的一位科学家的名字吗？

邓稼先！
回答正确！我宣布，宁宁和安安同学顺利进入复赛！
太棒啦！

宁宁，咱们今天可真棒！
下次复赛也得加油啊！其实最后这个问题，我觉得咱们俩还要深入地研究一下。
是呀，只知道科学家的名字和研制成功时间是不够的。那咱们要不要找薪火问问啊？
很久没去省科技馆了，咱们去那看看吧！
好哇！

欢迎来到工业摇篮厅，两位同学，你们想了解什么？
姐姐，我们想了解更多关于原子弹的知识。
上次你们来，已经介绍过核能和原子弹的基本原理了。
世界上最早的原子弹是美国制造的。美国物理学家奥本海默是这一研究领域的领头人，被称为“美国原子弹之父”。

美国的原子弹有什么特点啊？
美国人在1945年制造出三颗原子弹，其中两颗是“内爆”型，一颗是“枪法”型。在广岛投下的是“枪法”型，在长崎投下的是“内爆”型。
您再讲讲咱们中国的原子弹吧！
我国的第一颗原子弹采用了“内爆”型。所谓“内爆”型是将大量炸药起爆的能量压向内心，产生高温、高压，使内心里的核材料产生裂变，释放出大量核能。

那咱们国家是什么时候开始决定研制原子弹的呢？
1956年，中国制定了科学技术发展第一个远景规划，部署了原子弹和导弹两个项目。
1959年，中国原子弹、导弹研制进入自力更生、自主研制新阶段。1964年10月16日，我国自行研制的第一颗原子弹在新疆罗布泊爆炸成功，在国际上引发巨大反响。
今天又学了不少知识，不过还是想亲眼见证一下。
宁宁，你的意思是找薪火？
我就知道你们俩又要找我了，是不是想去看原子弹啊？
你怎么知道？
认识这么久，我还不了解你们吗？走吧！

1964年10月16日，
新疆罗布泊，原子弹爆炸现场
罗布泊
快看，马上就要引爆了！
五、
四、
三、
两、
一，
起爆！

太壮观了，巨大的火球和蘑菇云！
火球大得像太阳！腾空而起！
快走，我们要去测量爆炸的辐射面积！
同志们，我们试验成功的消息传到北京了！周总理来电话，代表党中央、毛主席和国务院，向参加这次试验的全体同志们祝贺！

薪火，原子弹爆炸的核心材料是什么啊？
核材料铀235啊，它是原子弹的核心材料，原子弹是利用铀235原子裂变时产生的巨大能量而产生爆炸的，没有铀235，原子弹是无法制造出来的。
那咱们国家从哪弄来的铀235？
这可相当难了！铀235研制过程真是一个了不起的系统工程，从探矿、选矿、开采到最后的提取成功，经过了百道工序，有许多家工厂参与。

那么多工序？
从南方的矿山开挖、选矿，由粗加工到细加工，再到精加工，一步一步地筛选，一步一步地提取，将半成品送到北方某工厂，再由北方某工厂加工后送到西部多家工厂，最后提取。
横跨了整个中国啊！
整个工艺流程要经过大半个中国，缺少一道工序也不成。
每一道工序都有极严格的技术要求，工作量之大、工艺要求之细、技术要求之强，没有真才实学的行家里手是完不成的。
我真想认识一下负责项目的大科学家。
我知道一位——邓稼先！

第四话
隐姓埋名——邓稼先

“两弹元勋”邓稼先曾说过，核武器事业是在成千上万人的努力下才取得成功的。
中国第一颗原子弹成功爆炸的背后，既有我们现在熟知但在当时隐姓埋名的科学家，也有千万普通的科技工作者。
在研究原子弹并将其成功引爆这个长长的链条上，他们是各个环节的“操刀者”、亲历者。他们的经历是一生中最难忘、最骄傲的青春记忆。

安安、宁宁，你们俩可真厉害！顺利进入区里的复赛啦！
我觉得所有同学都应该向你们学学！
是呀，我同桌可厉害啦！安安也厉害！
哎呀，我们俩还得努力，这才刚刚是复赛呢。
宁宁，别谦虚了，这次比赛多亏了你。
听说比赛的最后一道题是原子弹，你们能给我们讲讲原子弹是怎么回事吗？
对呀，原子弹是谁设计研制出来的呀？
邓稼先啊！他被称作“两弹元勋”，在接受了秘密研制原子弹的任务后，离开了家，离开了孩子，隐姓埋名28年。

28年！太了不起了！牺牲也太大了。
隐姓埋名还不算最大的牺牲，在一次实验中，他不幸受到核辐射，身患癌症。与妻子团聚后仅一年，1986年7月29日，邓稼先就逝世了，终年才62岁。
为什么要隐姓埋名啊？
因为他们接受的是国家秘密任务。邓稼先的老师王淦昌也隐姓埋名，改名叫王京，假名字用了28年。
一年除夕夜，他和邓稼先喝酒，邓稼先说：“叫了王京同志几十年，叫一次王淦昌同志吧！”两个人抱头痛哭。

他们真是英雄，负重前行，不惜献出了宝贵的青春和生命！
天骄，你说得真好！
上课铃声响了，快走吧！
快跑，别晚了！
走！下课接着聊！

宁宁，我一直想着这些科学家隐姓埋名的事，真是太感动了。
科学家们把个人的理想与祖国的命运紧紧联系在一起了，所以才能做到隐姓埋名、义无反顾。
真是对祖国的拳拳赤子之心啊！
投入了不少智慧和心血呢，我想去看看他们。
我也想……

你们得偿所愿了，这里就是新疆罗布泊核试验基地。邓稼先和其他科学家们就在这里研制原子弹。
这里可真是一片荒漠啊！
可不是吗？连植物都少见！那他们吃什么啊？
咱们去看看吧！

邓总，从食堂出来，我还是没吃饱啊。
唉，我也是，可是可以吃的东西，比如榆树叶子、沙枣树籽，甚至骆驼草，几乎都被咱们拿来充饥了。
现在是国家经济困难时期，大家坚持一下！
是啊，饿得受不了的时候，咱们有的人拿酱油冲一杯汤，有的人冲一杯糖水。
邓总，听说您1950年在美国拿到博士学位第九天，就毅然放弃美国的优越环境回到了中国，您后悔吗？

我的生命都献给工作了，做好了这件事，生命就有意义，就是为它死了也值得！
您和家人都很久没见了。
我调到这工作之前，夫人问我调哪儿去？我说不能说。夫人问我去干什么？我说不能说。夫人说要给我写信，我说不能写信，不能通信，以后这个家就靠你了。

薪火，他们把自己的一切都奉献给了国家啊！
甚至是生命！邓稼先还受到了辐射。
是呀，第一颗原子弹试验期间，邓稼先遭受了致命的核辐射，1986年7月29日因直肠癌逝世。
在生命的最后时刻，他请求再去看一眼天安门，看着长安街的车水马龙，他问："30年后，人们会记住我们吗？"

记得！我们记得！
当然记得！我们会永远铭记！他用一生诠释了什么是“干惊天动地事，做隐姓埋名人”。

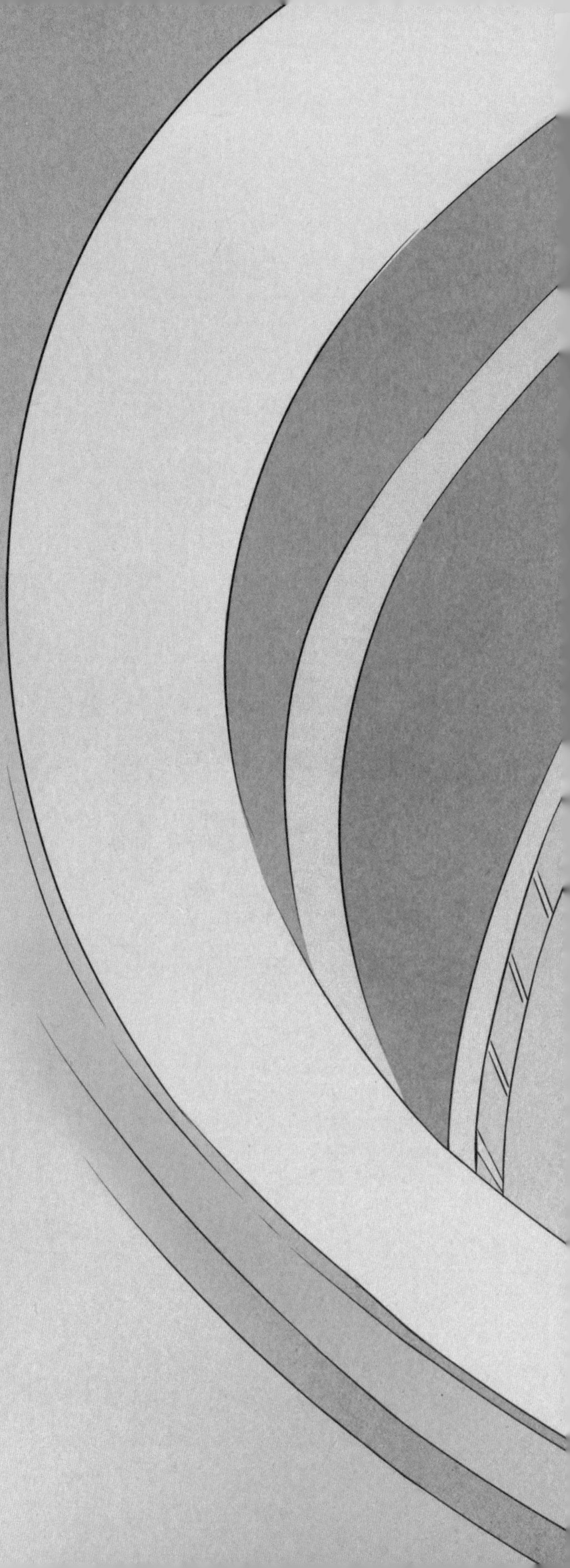

第五话
地下核爆

安安、宁宁，上次你们俩还没讲完呢，咱们国家还有哪些原子弹专家啊？
上次讲的是邓稼先，这次再给我们讲一位科学家吧！
原子弹研究啊，靠的是科学家团队，那可是成千上万人的付出啊！
没问题，你们知道地下核试验吗？

地下？我就知道地上，地下也能进行核试验？
当然了，不过地下核爆的时间是在地上核爆成功之后进行的，时间是在1969年9月23日，我国成功进行了首次地下平洞式核试验。1976年10月14日，又进行了首次地下竖井式核试验。

宁宁，真希望你能给全班同学都讲一讲，今天下午我们有一堂科普自习课，你能讲讲吗?
可以呀，班长同学！我和安安一起讲吧。
好啊！
宁宁讲课真是太好了！
是呀，这还是头一次由同学来讲课呢！

同学们，大家请安静，这堂科普自习课，让宁宁、安安同学给咱们讲讲我国的地下核试验。
大家欢迎！
科普
1969年9月23日零时15分，一阵惊天动地的巨响后，地爆释放出的巨大能量，试验区山体猛烈地摇晃起来——中国成功进行首次地下核试验！
这是来自地心深处的闷雷，大地都在颤抖！
宁宁，你讲得真生动！跟讲故事一样！

这次试验啊，是地下平洞式试验，要在山体中开掘出一条特殊设计的地下长坑道，在坑道内还要放置核装置和各种探测器，按照特殊的方案回填堵塞之后，再进行地下核爆炸效应综合试验。
什么叫地下核试验呢?
地下核试验，是将核弹装置设置在地下一定深度的核爆炸试验，一般分为平洞和竖井两种方式。

为什么要在地下进行核试验呢？
因为封闭式地下核试验有明显的优点：核装置位置固定，方便做测试；受气象条件影响小，有利于安全保密，还可以减少对环境的放射性沾染……

那地下核试验有什么危害呢？
地下核试验会产生放射性核素，人们非常关注它造成的环境危害。
放射性核素有可能进入地下水，并传播给生物圈内的各种物种。地下核试验还会引发小型地震。
那地下核试验到底需要在多深的地底进行啊？
地下核试验，按爆炸深度不同，可以分为浅层地下核试验和深层地下核试验。

有什么不同啊?
浅层地下核试验，会在地面形成弹坑，有大量放射性物质逸出。深层地下核试验，常称为封闭式地下核试验，只有少量放射性物质逸出，各国大多采用封闭式地下核试验。
那我国的科学家们一定面临不少难题吧?
是呀，当时的工程量巨大，工程周期长，爆炸效应研究受限制，面临困难比较多。
我国核试验当时才刚刚起步，很多技术问题没解决，地下核试验在技术上更复杂。

好啦，非常感谢宁宁、安安同学！咱们预祝两位同学在区科技大赛复赛中取得成功！
谢谢老师！谢谢同学们！

宁宁，你今天讲得可真不错！
安安，你讲得也好啊！
我觉得自己现在对复赛越来越有信心了！
不过，我觉得咱们还有一件事没做。
什么事啊？
找薪火一起去看看进行地下核试验的专家啊！
对呀！咱们还要完成第13个科学家画像呢！
对呀，咱们还要赢得第二个拼图碎片呢！走！

第六话 为国铸盾——程开甲

为国家，他曾经在戈壁滩上默默无闻、隐姓埋名20多年；他曾经参与决策、主持了30多次核试验。
他就是“两弹一星”功勋奖章获得者——程开甲。
程开甲院士曾说：“我这辈子最大的心愿，就是国家强起来，国防强起来。”“我这辈子最大的幸福，就是自己所做的一切，都和祖国紧紧地联系在一起。”

我就知道你们俩要来找我，复赛准备得怎么样了？
我很有信心！
我也有！
不过，我们还想了解一下进行地下核试验的我国著名专家。
那就是程开甲院士了！他被称为中国的“核司令”。

浙江大学
核司令？那他是怎么走上核试验研究这条道路的？
那就要从他的少年时代说起了……他从小就立志要成为一名科学家，1937年考入浙江大学物理系，那时中国正遭受日寇蹂躏，学校被迫整体西迁。
程开甲在颠沛流离中意识到落后是中国挨打的原因，“科学救国”的信念在他心中生根发芽。
那后来呢？

1946年，程开甲留学英国，1949年新中国成立后，他婉拒导师挽留，在1950年回到当时一穷二白的祖国。
先后在浙江大学、南京大学任教10年，还撰写了我国第一部《固体物理学》。
固体物理学
程开甲著
那他又是怎么参加核试验科研的呢？
1960年，程开甲被一纸命令抽调至北京，成为第一颗原子弹研制队伍中的一员，负责原子弹爆轰条件和状态方程的研究，从此，“程开甲”这个名字进入了国家绝密档案。

那他也得像邓稼先院士一样隐姓埋名了吧?
对呀，他和邓稼先一起参加了第一颗原子弹爆炸试验，那时候程开甲是原子弹爆炸靶场试验的技术总负责人，还主持制定了第一颗原子弹装置在百米高铁塔上爆炸的方案。
那一定很艰苦吧!
我带你们去看一看吧!

1976年9月 罗布泊
让我坐吊篮下井！
罗布泊
这吊篮太简陋了，您可得注意安全啊，您还是别下去了。
你们别劝我了，下个月14号就要进行地下竖井式核试验了，虽然是“百米探底”，但是能够帮助我们改进竖井式核试验设计方案啊，我必须得下井。

那最多下到100米，多1米都不行。
好的，我看到实际情形，心中就踏实了。
您干吗那么拼命啊？
我的目标是一切为了祖国的需要。人生的价值在于奉献，正因为这样的信念，我才能将全部精力用于我从事的科研事业上。

薪火、安安，这么简陋的吊篮，程开甲院士也敢坐着下井！
这些老科学家呀，为了祖国的强大，什么艰苦的任务都能去完成，程开甲说过，他这辈子最大的心愿就是国家强起来，国防强起来！
那他坚持下井的这次地下竖井式核试验顺利吗？
很成功！核爆炸“零时”一过，程开甲立即赶到爆心地表勘察现场。当时，地表的强辐射让随身剂量笔尖叫不止，但他还是坚持巡察一周。

这就是我国科学家的伟大精神啊！
他87岁的时候，还亲笔写下一句话：科学技术研究，创新探索未知，坚韧不拔耕耘，勇于攀登高峰，无私奉献精神。
写得可真好！

这正是他一生所坚持和奉行的，也是他科学人生的真实写照。
薪火笔记
我们一定要好好给他画个像！
对，向科学家致敬！
向科学家致敬！

第七话

高温合金

工业摇篮厅
欢迎同学们来参观咱们科技馆工业摇篮厅的钢铁小屋！提起钢铁，我们并不陌生，因为它已经渗透到我们生活的每一个角落。
我知道！北京的鸟巢就使用了大量的钢铁。

火车铁轨也是钢铁做的！
还有飞机的发动机！
你们说得都对，我们在了解钢铁冶炼过程之前，先来了解一下它的微观世界。

宁宁，咱们今天又要在科技馆里泡上一整天啦！
周末休息啊，咱们得抓紧时间学习啦，下周一就是区里科技大赛的复赛。
那咱们今天来学什么呢？
就是这位志愿者姐姐讲的钢铁材料啊！
哦……钢铁材料有什么要学的？
飞机发动机，怎么才能在高空里高速飞行还不受损坏？那都是需要特殊金属材料的。
秘密啊，都在科技馆里等待咱们去发现呢！

那我可要好好听听！
同学们，让咱们近距离观察金属。金属的晶体结构是指金属材料内部原子的排列规律，它决定着材料的显微组织特性和材料的宏观性能。
了解金属的结构和结晶规律，对控制材料性能、正确选材、开发新材料有重要指导意义。

姐姐，那我们生活中有哪些金属材料呢？
金属材料与我们的生活和社会发展密切相关，我们生活中很多日常用品都是由金属材料制成的。
多数金属呈固态，有金属光泽，不透明，富有延展性，并具有导电性、导热性等物理性能。来，你们试一下这几件展品，看看用到的是金属的哪些物理属性？
我来试试！我来试试！

姐姐，这件展品是什么呀？
这件展品介绍的是目前世界上最主要的炼钢方法：氧气转炉炼钢技术。
它以铁水作为主要原料，用氧气作为氧化剂，使铁水中的碳、硅、锰等元素杂质氧化，并加入造渣剂，最终去除有害杂质冶炼出钢水。
哦！原来炼钢这么复杂啊！
是呀，有一些金属材料的制造过程更加复杂呢，比如航空发动机的核心材料——高温合金，它能够大幅度提高航空发动机的性能。
高温合金，有意思！

薪火，高温合金是怎么回事啊？你能给我们讲讲吗？
高温合金啊，是制造高压涡轮叶片的材料。
什么是高压涡轮叶片啊？
就是飞机的航空发动机叶片啊！制造涡轮叶片可是相当难呢！能难倒世界上90%以上的国家。
涡轮叶片由于处于温度最高、应力最复杂、环境最恶劣的部位而被列为第一关键件，并被誉为“王冠上的明珠”。

当然，制作涡轮叶片的材料和生产工艺，是航空强国和航空发动机设计生产厂家的核心技术和国家级机密之一。
这么重要啊！
那高温合金能起到什么作用呢？
在航空发动机运转的时候，高压涡轮叶片要承受超高温、超高压、高压强离心力，还要以1.3万转每分钟的高速进行旋转。
在这样的高温、高压、高转速的环境中，还不能发生形变。

可是金属很容易变形啊！
对呀，所以我们才用了高温合金，这种极其特殊的材料适合制造高压涡轮叶片。
要生产出这样的材料，需要一个国家的材料科学和技术极其先进才行。
那我们国家一定能造出来吧！

必须的！
师昌绪院士创造出中国第一个铁基高温合金，解决了一系列技术难题，使我国成为继美国之后第二个自主开发这一关键材料技术的国家。
真想认识一下师院士啊！
那还不快跟我来！

第八话 材料医生——师昌绪

师昌绪，2010年度国家最高科学技术奖得主，著名材料科学家，中国科学院、中国工程院资深院士。
中国高温合金开拓者之一，创造出中国第一个铁基高温合金，领导开发中国第一代空心气冷铸造镍基高温合金涡轮叶片。
他是高瞻远瞩的战略科学家，参与国家科技政策的制定，为中国的材料科学做出了巨大贡献。

薪火、宁宁，咱们怎么到了钢厂了？这些工人都在炼钢啊！
你们不是想见见师昌绪院士吗？这是1960年，他正在这里研制高温合金呢！
他怎么在抚顺做研究啊？
这话可就长了！听我从头说起……
1948年，师昌绪赴美国密苏里大学矿冶学院进修学习，毕业后获得硕士学位。他大学时学的是钢铁知识，到了美国后又开展真空冶金研究，研究生毕业之后，克服重重阻挠回到祖国。“我是中国人，中国需要我。”这是师昌绪当时的心声。

后来他回到国内工作了？
他被分配到沈阳的中国科学院金属研究所，一直工作了30年。
20世纪50年代，他被派往鞍钢，那时候他提出发展铁基高温合金，研制出我国第一个铁基高温合金808，部分代替了镍基高温合金，用作航空发动机的涡轮盘。
那怎么又来抚顺了？

后来，根据国家要求，中国高温合金生产必须立足国内，师昌绪到抚顺钢厂攻关。
他带领一支小分队常驻抚顺钢厂，研制高温合金。不说了，你们俩快看！师昌绪来了！
早上好啊！师组长，天天都来这么早啊！
早呀，小张师傅！我这天天坐闷罐车，想迟到都不行啊，火车有准点儿啊！

师组长，您可真是不容易，妻子正怀孕需要照顾，您每天早晚坐火车从沈阳到抚顺来回跑啊！
是呀，现在一二月份，是最冷的时候，您早晨赶早班火车到抚顺，晚上坐最后一班火车回家，每天都这样可真不容易。
我听说您奔波这一两个月下来，肾盂肾炎犯了，还有尿血，腰都直不起来了。
为了高温合金啊，再困难也要克服，我既然选择回国，已经做好了吃苦的准备。

不论条件多艰苦，您总是在第一线解决各种技术难题。我可真佩服您！
您几乎走遍全国的特殊钢厂和航空发动机厂了吧！
这没什么，我只是帮助大家解决生产中的实际问题而已。
您太谦虚了，怪不得大家有什么问题，只要找您，准解决！

宁宁、安安，你们知道吗？师昌绪有两个称呼，一是高温合金之父，二是材料医生，材料医生这个名字可是名不虚传啊！
材料医生，是什么意思？
沈阳航空发动机厂曾发生特大晶粒叶片报废事故，师昌绪带领团队，利用独创的喷丸氩气联合处理工艺，使6000片叶片得以重生。

真厉害啊！给材料医生点个大大的赞！
他还做出了突出的成绩！1963年，他接受了我国航空发动机空心涡轮叶片的研制任务。
我国涡轮叶片由锻造合金发展为真空精铸，由实心叶片发展为空心叶片。这使我国成为继美国之后第二个采用精铸气冷涡轮叶片的国家，仅比美国晚5年。
他可真是我国科技界的英雄啊！

他还特别能吃苦。1975年，师昌绪带领小分队，奔赴贵州的空心叶片生产厂，指导空心叶片生产，一干就是半年多。下厂后吃的是发霉大米、地瓜干和玉米面，住的是简易宿舍。
这样的科学家啊，恐怕只有退休才能休息休息。
退休？师昌绪退休后还坚持上班30年。师昌绪是个“只问耕耘，不问收获”的人。
只要对国家科学技术发展有利，便努力为之，因此几十年来，他呕心沥血，把自己的全部时间都献给了祖国的科技事业。

安安，我觉得咱们学习科学知识也要像师院士一样，努力奋斗！
对！努力学习知识，努力参加比赛！
我看好你们俩！向着第二个拼图碎片努力哦！

第九话 地下长城

同学们请注意了！咱们的中学生区级科技大赛复赛进入了最关键的时刻！这是一道抢答题……
宁宁，我有点儿紧张，咱们能答对这道题吗？
大赛复赛
不用紧张，咱们在薪火的帮助下学习到了那么多科技知识，要有信心！

请听题，能抵御原子弹爆炸威力冲击的地下飞机洞库门又叫什么？
哎呀，这道题我不会，宁宁，快！你知道吗？
我好像记得，我想一想……
有同学能答这道题吗？答对的就能直接进入决赛哦！

啪
我知道！地下钢铁长城！
恭喜宁宁同学，你答对了！
我宣布，宁宁、安安这一组同学顺利进入决赛！
太棒了！我们胜利了！
宁宁、安安！祝贺你们！
宁宁和安安太厉害了！
我宣布，复赛圆满结束！同学们，决赛见！

宁宁、安安，你们可真牛！
最后一道题，地下飞机洞库门，是什么东西啊？
是啊，我连听都没听说过！
这个……其实我也不知道，多亏了宁宁啊！
如果说核弹是锐利的“矛”，那么防护工程就是坚固的“盾”。
地下飞机洞库门就是这个“盾”，可以保护藏在地下的飞机。核爆炸时，防护门保护飞机不受损坏，核爆炸后防护门一开，飞机马上飞出去，实施反击。

所以这项工程就被誉为“地下钢铁长城”？
对，咱们国家20世纪70年代就研究出了国内跨度最大、抗力最高的飞机洞库防护门。
哇！
后来，20世纪80年代，世界军事强国开始研制钻地深度可达数十米、爆破威力巨大的新型武器——钻地弹！

那怎么办！
我们又建设了超高抗力深地下防护工程，为中国防护工程装上了“金钟罩”。
是哪位科学家这么厉害，建造了地下钢铁长城？
钱七虎院士！他还推动了盾构机的国产化呢。
盾构机又是什么啊？我越听越迷糊了。
省科技馆里就有，要不咱们去看看？

你们看，这就是盾构机！
盾构机由大型金属圆筒和尾支撑结构组成，你们可以好好看看，体验机械正穿过墙壁的大型隧道挖掘场面。
太好了，那我们好好看看！
咱们俩也好好研究一下盾构机，储备决赛知识。
哈哈，对啊！那请薪火来给咱们讲讲吧！

没问题！我一直都在呀！这个盾构机啊，是按照1:1的比例制作的沈阳地铁盾构机“开拓者号”。
哦，它和沈阳地铁还有关系？
是啊，早在2007年10月14日，沈阳就已经成为全国最大的盾构机生产基地。
2008年4月30日，沈阳地铁工程建设中第一次使用了沈阳人自己造的盾构机，是由北方重工沈重集团研制的沈重九号暨振兴一号土压平衡盾构机。

原来如此啊！盾构机的工作原理是什么呢？
隧道盾构机集光、机、电、液、传感和信息技术于一体，是一种用于挖掘隧道的保护性结构，需要在挖掘过程中使用盾构机械形成水泥、铸铁或钢铁的临时支撑结构——一个圆柱体的钢组件，边向前推进，边对土壤进行挖掘。

这个圆柱体能起到保护作用?
圆柱体组件的壳体就是护盾，对挖掘出还未衬砌的隧洞段起着临时支撑的作用。
它能够承受周围土层的压力，有时还承受地下水压，把地下水挡在外面。
咦?这个盾构机展品里边，还有两个展品和投影呢!
你们看看吧，能更加了解盾构机的工作原理!
走，快去看看!

第十话 科技强军——钱七虎

钱七虎院士20多岁时就面对过科技封锁，早已刻骨铭心地知道：核心技术买不来、要不来、讨不来，只能靠自己。
数十年的岁月里，他靠自己和团队实现了一次次关键核心技术的突破。
他的人生态度鲜明：不信邪、不怕鬼、不怕压，永远知难而进、迎难而上。

这下子咱们可把盾构机研究明白了。
可不是，决赛啊，咱们心里更有底了！通过了区里的决赛，咱们就能进军全市中学生科技大赛了！
那我可要预祝你们成功喽！
谢谢薪火啦，不过我现在还是想了解一下研制出地下钢铁长城和推动盾构机国产化的钱七虎院士呢。
那就随我来吧！

2003年，南京长江隧道项目现场
薪火，这是哪里呀？怎么黑漆漆的？
这是2003年的南京长江隧道项目现场啊！
那我们来这里能见到钱七虎院士吗？
嘘！小点儿声，来人了！

钱院士，您来啦！您快看看这台盾构机，隧道挖到半途，机器突然卡住了。
这台盾构机啊，还是专门委托德国一家公司定做的，总价值超过7亿元人民币呢。
我看这故障是由于盾构机刀具磨损。问过德国公司方面了吗？他们怎么说？
德国技术专家特别相信他们公司产品的耐用性，不承认是刀具磨损啊。
那这样吧，让咱们的国内企业对刀具进行改良！
好的，我们听钱院士的！

薪火，我很想知道后来结果怎么样？
钱院士的建议非常好，盾构机经过国内企业改良之后，可以一口气挖掘400米，耐用率提高了8倍，关键设备国产化也向前迈出一大步！
钱院士是搞军用地下防护工程的，民用的项目找到他，他也能支出这么多招啊！

南京長江隧道
在军事防护工程之外，钱院士也关心国家重大民用设施的建设，比如南京长江隧道、南水北调、西气东输、国家能源地下储备、港珠澳大桥等国家重大工程中，他都提出了切实可行的决策建议和关键性难题的解决方案。
钱院士可真是为了咱们国家的防护工程发展做出了巨大贡献啊！

勇于攀登的人，脚步从不停歇。在他研究地下飞机洞库防护门时，患上了严重的十二指肠溃疡和胃溃疡。
紧接着，他又继续搞研究攻关，长期的劳累又诱发了痔疮，但他还是坚持每天工作12小时以上，疼得不敢坐，就趴在床上写专著。
我想起了那句话，师之大者，为国为民。

去年，80多岁的钱院士，还像“空中飞人”一般奔波，拎着行李箱出差呢！
很难想象，这是一位80多岁的老人啊！
作为现代防护工程理论的奠基人、防护工程学科的创立者，钱院士并不觉得累，而是感觉“活得很充实，很有成就感，也有幸福感”。

他这么忙，家里人一定没法照顾吧！
一个人的精力总是有限的，钱院士也有一些无法弥补的遗憾。
他与妻子两地分居16年，也无法照顾年迈的母亲。他的母亲去世后，钱院士设立了慈善基金，把院士津贴、获奖奖金都资助给贫困儿童和孤寡老人，30年来捐助款总计近百万元。
钱院士这一辈子，收获了这么多成就，还做了这么多好事。

作者简介

辽宁省科学技术馆是一座集科学普及、科技交流、人才培养、科技创新服务于一体的综合性特大型科技馆，是首批全国科普教育基地，是辽宁省重要的科普宣传阵地和科学文化交流平台。场馆建筑面积10.25万平方米，2015年开馆以来，实体馆累计接待公众1600万人次，数字科技馆服务公众9000万人次，培养科技创新人才260万人次，举办科创活动1000余场，为推进教育、科技、人才融合发展，助力全民科学素质提升和高水平科技自立自强做出突出贡献。荣获“辽宁五一劳动奖状”“全国科普工作先进集体”等100余项省部级荣誉，致力于打造“有温度的科技馆”，高质量创建“全民的科学中心”。

擎“科学家精神”之炬 书新时代奋斗华章

翻开这本书，你就成了一把薪火，一把点亮科学梦想、致敬老一辈科学家奋斗年华的薪火。你也将是一位传递者，将科学家的精神薪火相传。

何为科学家精神？

殷殷爱国情，拳拳赤子心。从李四光、钱学森、钱三强、邓稼先等一大批老一辈科学家，到黄旭华、顾诵芬、徐芑南等一批后成长起来的杰出科学家，都是爱国科学家的典范。在广袤的中华大地上，处处闪动着科学家默默耕耘奉献的身影，处处闪耀着伟大的科学家精神：胸怀祖国、服务人民的爱国精神，勇攀高峰、敢为人先的创新精神，追求真理、严谨治学的求实精神，淡泊名利、潜心研究的奉献精神，集智攻关、团结协作的协同精神，甘为人梯、奖掖后学的育人精神。

科学成就离不开精神支撑。一代又一代科技工作者心怀“国之大者”，铸就了“爱国、创新、求实、奉献、协同、育人”为内涵的科学家精神，为实现中华民族伟大复兴的中国梦凝聚起磅礴力量。

如何传递科学家精神？

辽宁省科学技术馆秉持着打造“有温度的科技馆”的理念高质量创建“全民的科学中心”，不断提升自身的科普能力和影响力，推动科学技术的普及和发展，通过打造《薪火——致敬科学家精神》原创专题栏目，引导青少年爱上科学，以科学家为偶像，助力科普“破圈”。栏目一经上线，引发全网关注。上线首日新华社客户端、新华网客户端、人民网、中国新闻网客户端、光明网等数十家国家级媒体予以报道，传播量破千万次。《薪

火——致敬科学家精神》原创有声漫画荣获中央网信办“2022年中国正能量网络精品”荣誉，并在2022年度、2023年度辽宁省优秀广播剧大赛中荣获优秀广播剧、创新作品、优秀合成等多个奖项。

如今出版同名《薪火——致敬科学家精神》系列图书，激发青少年读者的科学兴趣，点亮他们心中的“精神火炬”，帮助他们树立坚定的科学理想，让科普传播持续升温，让科学家精神在青少年心中生根发芽，擎起新时代科学家精神的火炬，主动传承和弘扬科学家精神，把自己的人生追求汇入民族复兴的时代大潮，争做堪当民族复兴重任的时代新人。

如何做活科学家精神传递？

在这本书中，读者可以和未来科技相拥抱，在2122年云计算、大数据、元宇宙以及人工智能飞速发展的时代里遨游，也可以在“薪火”的带领下，同“宁宁”“安安”一起开启科学探索之旅，近距离地感受到我国的大国重器，可上九天揽月，可下五洋捉鳖！向天发问，星际探索永不止步，见证歼-8鹰击长空，“辽宁舰”巨舰擎梦，剑指深蓝……也将遇到把一切献给祖国蓝天的顾诵芬院士，向海而行、勇往直“潜”的徐芑南院士等数位科学家。以富有童趣的方式和生动的故事情节让青少年爱上科学，立志成为传递科学家精神的“薪火”。

曾有人说过这样一段话：“你做科研是为了什么？是为了人类的进步？为了大多数人的幸福？为了国家的富强？还是只为个人和小家庭优越的物质生活？不同的答案，注定会有不同的人生方向、人生高度和厚度。”科学是大国崛起的疆场，科学是民族复兴的温床，科学的火炬需要一代代人接续传递，才会光芒万丈、薪火相传。

辽宁省科学技术馆 刘晓峰

人物简介

薪火：

一个来自宇宙神秘区域的小精灵，能够藏身于科技馆的图书之中，了解人类科技，有神奇的穿越功能，能够带领人类回到过去看望科学家，感受当时的科技大事件。由于在宇宙中航行时一次偶然失误，导致飞行器失去能量而来到地球，同时因为能量不足，头发变成了红色。宁宁和安安在科技探索过程中描绘科学家画像，可以帮助它恢复能量，回到宇宙。

宁宁：

本书的主人公，一名中学生，父亲是科技馆的工作人员。性格冷静，喜爱学习和钻研科技常识。一次偶然计划邂逅了能量不足的薪火精灵，宁宁只有完成100个科学家画像，才能帮能量不足的薪火精灵回家，宁宁为此不断地努力着……

安安：

宁宁的好朋友，也是同班同学。性格活泼，喜欢跟宁宁一起学习科技小知识，是宁宁的好帮手、好搭档。他下定决心帮助宁宁探索宇宙的科技奥秘……

美轩：

宁宁的同桌，长相甜美，性格温柔，对宁宁和安安这样的科技小达人非常崇拜。

宇航：

宁宁的同学，性格憨厚，但又很贪玩，是同学们的开心果。他总想跟宁宁和安安学习科技知识，但又总是因为贪玩而记不住。

天骄：

宁宁所在班级的班长，性格严肃认真，有扎实的科技知识功底，渴望有更多机会了解到更丰富的知识，喜欢和宁宁、安安一起学习。

目录

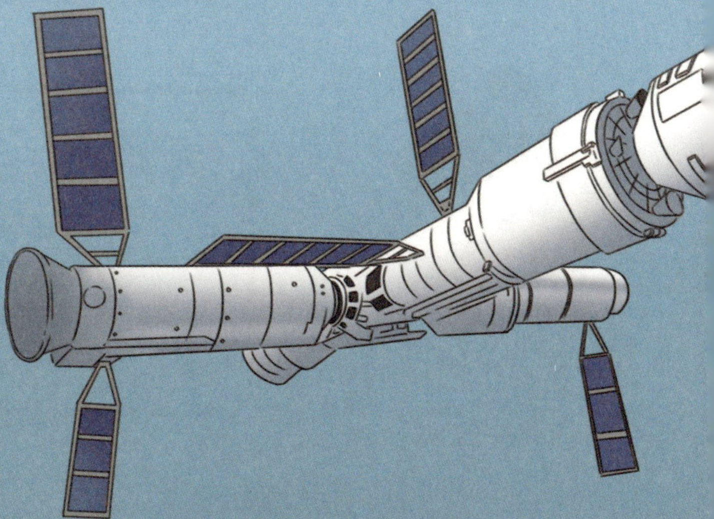

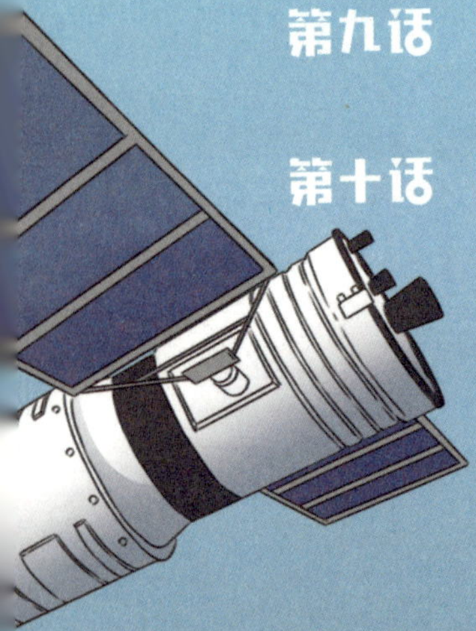

第一话
智能机器

工业摇篮厅
大家好，欢迎来到辽宁省科学技术馆工业摇篮厅！
大家现在看到的是机器人展区。在我们现在的生活和工作中，机器人可以带来许多便利，慢慢取代人力从事一些高危工作。

大家好！欢迎来到科技馆！
宁宁，你快看，这个机器人还会说话！
是呀，真有趣！

现在呈现在大家面前的是迎宾机器人，由头部、躯干、手臂和底盘组成。
它都能做些什么啊？
SIASUN
请问，我们怎么和它说话啊？
迎宾机器人是服务机器人的一种，可以从事迎宾、导游、讲解、宣传等工作。
大家可以通过触摸屏、语音、遥控等方式和它进行互动。

我看那边还有好多机器人啊。
对呀，我们继续往下看。这个是魔方机器人，它可以把观众随意打乱的魔方迅速还原。
SIASUN
我给大家演示一下，我先把魔方打乱。
好啦，下一步请看机器人把魔方还原。
~咔~咔~咔
鼓掌
怎么样，是不是成功把魔方还原啦！

薪火，机器人是怎么做到的呢？
它头部有一个摄像头，可以依次拍摄魔方每个面的图片，然后使用图像识别算法，再通过解魔方算法，就能够得到解魔方的具体步骤，再控制机械臂执行每一步的解法，最终将整个魔方还原。
哇，这可比我厉害多了，我从来就没还原过打乱的魔方。
哈哈哈！安安，机器人是科学家和工程师将人类智慧进一步工程化的结晶，所以反应速度更快更灵敏。

宁宁，你看，这里还有一个画家机器人。它会画画吗？
当然啦！这种新颖奇特的机器人完全可以充当街头艺术家，为人们绘画肖像。
画家机器人是工业机器人与智能技术的结合。
它画画的原理和魔方机器人一样吗？也是用摄像头和算法？
是的，它利用视觉传感器识别人的面部肖像信息，然后通过高精度的移动，在画板上刻画出人脸的肖像画。

这么厉害，是哪里生产的呀？
画家机器人的本体是新松公司10千克工业机器人。具有较快的运动速度和较高的定位精度，机器人所有运动动作都由“机器人控制器”给出。
SIASUN
听起来……还是没太明白。

哈哈，我再给你详细讲讲。
机器人中的视觉传感器捕获人脸图片以后，将它通过网络传给计算机，计算机中的人脸识别程序计算出人脸肖像信息。
并将这些信息以序列点的形式回传给机器人的控制器。
机器人控制器将这些序列点规划成机器人的运动路径，然后控制机器人完成人脸肖像画的绘制。
嗯嗯，懂啦！

新松公司，是我们经常听到的那个——制造新松机器人的公司吗？
SUN 新松
对呀，它的全名叫——新松机器人自动化股份有限公司。
是一家以研发机器人及高端数字智能装备为主的高科技企业，成立于2000年。
创始人为曲道奎，总部位于辽宁沈阳，以“中国机器人之父”——蒋新松之名命名。
新松机器人
蒋新松

薪火，这些高端智能机器人是怎么制造出来的呢？
那我得让你们认识一下中国机器人之父——蒋新松院士！
不过见到他之后，一定要画像哦！
每画满10位科学家的画像，我会给你们1块神秘的拼图碎片，画满100位科学家的话，你们就可以拥有10块拼图碎片。
集齐10块拼图碎片，你们就可以组成一个地图，根据这个地图可以找到打开宇宙奥秘之门的钥匙。
为什么这么神秘啊？
薪火笔记
宇宙的奥秘！我们都迫不及待了呢！

第二话
智创未来——蒋新松

1990年5月 会议室内
蒋所长，我简单介绍一下情况。
不久之前，日本的一艘轮船在中国领海被英国的一艘轮船撞沉了，中国方面要求我们把沉船清除出中国领海。
是的，蒋所长，我们保险公司现在招标，希望贵所能派水下机器人把沉船的地理位置、沉姿、破损程度和地质等情况探查清楚。
蒋新松
那……你们的花费预算是？
每天1000美元，但是全部工作要在12天内完成！

所长，咱们干！
对，咱们干，要给中国人争口气！
你们中国人能行吗？
这样吧，先用你们中国生产的机器人下潜抓把土上来，看看海底是泥地还是沙地。
我们中国机器人，没问题！

宁宁、安安，这位蒋所长就是蒋新松院士，他面对的是英国专家和保险公司负责人。
这个任务听起来很棘手啊！
最后蒋院士他们成功了吗？
必须成功！
新松团队派出中国的“R.O.V”（水下机器人），潜入海底第一天就测定出沉船的精确地理位置；第二天测定出船的倾斜、破坏、锈蚀程度；第三天把沉船的地貌和地质情况探测得清清楚楚。

这回英国专家没话说了吧？
英国专家由衷地称赞，很好，中国的R.O.V！
蒋院士可真厉害！
他可是中国机器人事业的开拓者之一！我国著名专家，中国工程院院士！

SIASUN新松
他和新松公司是什么关系啊?
沈阳
沈阳是他的第二故乡。他1965年调到沈阳工作，在东北工业自动化研究所，也就是后来的沈阳自动化研究所。
1980年，他担任所长后，领导团队取得重大成就，为国家做出了巨大贡献。
中国科学院沈阳自动化研究所
INSTITUTE OF AUTOMATION CHINESE ACADEMY OF SCIENCES
新松
2000年，以蒋新松名字命名的新松机器人自动化股份有限公司正式成立，拉开了中国机器人产业化生产的序幕。

取得这样的成就，一定付出了很多努力吧。
1965年刚到所里工作的时候，所里交给他一项重要任务。
他经常早晨不到五点就起床工作，晚上看书、啃资料，不过十点不休息。这样坚持了整整十年，终于啃下了这块硬骨头。
这可真是十年磨一剑！
10年来，知识和经验的积累、人生的磨难与思考，才能使蒋新松在机会来临时厚积薄发，尽情释放出自己的潜能，充分展示自己的才华。

薪火，你说得太有哲理了！
1980年当上所长后，他更加潜心探索、苦苦寻求一条中国机器人发展之路，决心以水下机器人作为突破口。
后来他还有哪些成就呢？
1983年，完成中国第一台潜深200米有缆遥控水下机器人“海人一号”的研究、设计与试验。
HR 01
这是我国机器人技术发展史上一个重要里程碑。1986年，研制出国产化的具有水下作业功能的有缆遥控中型水下机器人。
RECON-Ⅳ SIA
好厉害！

1990年
还有呢，1990年完成了潜深1000米无缆自治水下机器人“探索者”号的研发工作。
探索者
紧接着，仅用3年、不到2000万元人民币，就研制出国外用10年、3000万美元才能完成的深海潜器“CR-01”6000米水下机器人。
1993年
CR01
蒋新松院士可太了不起了！
我要带你们去见识下人类能源领域的著名核能科学家！
薪火，我们了解了蒋新松院士，那下一个科学家去找谁呢？

回顾蒋新松的一生，从小他就憧憬世界的神奇、科学的美妙，立志要做科学家。
他说：“科学事业是一种永恒探索的事业，它既没有起点，也没有终点，成功的欢乐，永远是一刹那。”

“但无穷的探索、无穷的苦恼，正是科学本身的魅力所在。”
他还说：“科学是豪迈的事业，需要我们用毕生的精力去探索、追求和攀登。”

第三话

人类能源

宁宁，天气越来越冷了，健身器材也越来越凉，冻手哇！
马上就要供暖了，不过煤炭可不是最清洁的能源。

对呀，现在地球气候变暖是个大问题。怎么才能解决这个问题呢？
薪火，你说呢？
那就要用绿色能源、高效能源啊！

薪火，都有哪些绿色能源呢？
比如核能、风能、太阳能、生物质能……
可是核能安全吗？日本福岛不是发生过核泄漏吗？
这个……咱们去省科技馆里看看吧。

宁宁、安安，我就喜欢和你们一起来省科技馆，能学到好多知识。
是呀，咱们今天跟他们学学什么是绿色能源。
绿色能源，顾名思义，就是低污染甚至没有污染的能源。
一会咱们听讲解员说说就知道啦。
快，我们到了！
您好，我们想了解一下绿色能源。
孩子们，你们又来啦！你们可真是爱学习的孩子呢，今天想了解什么呢？

那我给你们讲解一下核电站。
我们面前有模型。
核电站是利用核裂变释放的能量产生电力的电厂，由于需要大量的水来冷却，核电站通常建立在海边，燃料是放射性重金属铀。
这几个模型是什么意思呢？
它们是简化版的核电站模型。核电站主要由核岛和常规岛组成。
核岛包含了反应堆和蒸汽循环系统，在常规岛里面，蒸汽推动涡轮转动而产生电力，最右侧的这两个燃料棒剖面模型，展示了反应堆内部的结构。

姐姐，核电站安全吗？会发生泄漏吗？
在核电站，反应堆堆芯是核电站的心脏。当核电站遭到严重破坏，导致核泄漏，会对我们的生态产生大范围、长时间的影响。
而如果我们将核能控制在安全范围内并加以合理利用，就会给我们的生活带来巨大的便利。
这里有个点击屏幕，真好玩！
宇航，你总想着玩，好好听讲啊！
不要紧，各位可以点击互动屏幕，视频讲解会更加清晰、具体地解释核反应的原理。

真有趣，但是在反应堆里究竟发生了什么呢？
请大家看我的右手边。这就是核连锁反应，这个展项直观地展示了核裂变释放能量的过程。
核裂变，听起来好厉害！薪火，你了解核裂变吗？
这当然难不倒我啦！
在核裂变反应中，中子撞击原子，同时产生质量更小的原子和更多的中子，一个反应引发了另外一个反应，以及更多个反应，规模不断地扩大……
真实的核裂变所用的时间非常短，原子的数量又非常多，因此核爆炸会产生巨大的能量。

那我们人类怎么把这些能量应用起来呢？
那就要建核电站啊！
我国的核能发电技术飞速发展，已经拥有了多项自主知识产权的核电技术，在第四代高温气冷堆和模块小型堆等核电技术中，取得了重大进展。
宁宁，我真想去核电站瞧一瞧。
核电站是我们能进得去的吗？不如先问问薪火。

薪火，有个重要的事情忘了问你，上次你说那个神秘碎片，我们什么时候才能得到一个啊？
不是说了嘛，要画满10个，现在你们才画了6个。
那我们再加油，马上就要画满7个啦！
加油哦！今后得到神秘钥匙的话，你们就会成为科技小天才。

那太棒了，薪火，我们今天还有问题要问——我们国家的核能技术那么厉害吗？
那当然，咱们国家的高温气冷堆先进核能技术，在国际上被划定为四代核能技术，这可是引领世界的技术！
太牛了啊！这是哪位科学家研究出来的？
你问到关键问题了，那就是王大中院士！
他获得了2020年国家最高科学技术奖，实至名归！他最主要的成就之一就是高温气冷堆先进核能技术！

第四话 领跑世界——王大中

薪火，你把我们带到哪里来了，好像不是中国啊。
你们不是想认识王大中院士，了解我国的核能发展情况吗？
这是1981年的德国。眼前这座建筑，就是前联邦德国于利希核研究中心。
王大中在这里？
对，他当时在这里做访问学者，这是世界著名的核能研究基地。
那他在这里有什么研究收获？
你们看！

美国三哩岛核电站事故刚刚发生，现在全世界的人们十分恐惧核辐射。
这个问题很值得我们讨论。
我认为，提高核反应堆内在安全性，应该是一个值得研究的新领域，我想选择“模块式中小型高温气冷堆的设计和研究”。
我们德国人也有类似的想法，但是缺点也很明显，堆功率上不去，只有20万千瓦。

那就要知难而进，我要做的是“所有优点我都要”。
既要高温气冷堆，又要保证固有的内在安全性，还不能损失核反应堆的功率产出能力。
这听起来难度很大。
根据与国内同事们一起积累的经验，我的设想是把堆功率从20万千瓦提高到50万千瓦。

薪火，王大中院士可真有底气啊！那后来这个构想成为现实了吗？
高温气冷堆研究成功了，他足足做了一百多个方案呢！
什么叫高温气冷堆技术啊？
就是用气体作为冷却剂的气冷反应堆技术，具有优异的固有安全性，这是中国人为世界贡献的创新思路，是王大中院士带头研制的。

王大中院士为什么要费尽力气地搞高温气冷堆呢？
因为它太适应我们的国情了。
高温气冷堆不需要大量的冷却水，这样一来，在远离海岸的广大内陆地区建设核电站就成为可能，对调整我国能源的空间格局有重要意义。

宁宁、安安，你们俩这么热爱科学，以后上大学了想选什么专业啊？
我想选核反应堆专业。
我也想！
没听说过，还有这个专业！
当然，中国科学院院士、国际著名的核能科学家王大中就是这个专业的。

他为什么选择这个专业呢？
因为少年时代一件事影响了他。
当时，苏联第一座原子能电站——奥布灵斯克核电站刚刚运行。他对原子能特别好奇，后来就在清华大学选择了核反应堆专业。
清華園

这个王大中院士到底有多厉害啊？你们给我说一说。
他获得了2020年国家最高科学技术奖，你说厉害不厉害？
宁宁，你真厉害，什么都知道。
当然啦，宁宁可有秘密武器呢！
什么秘密武器呀？
嘻嘻，保密！

从国家战略出发，王大中坚定选择了自主创新的先进核能技术研发之路，带领团队从无到有开展了几十年的艰难探索，使得高温气冷堆四代核电技术在中国大地上开花结果。
这一切都离不开当年王大中院士科学理性的选择，是他主导了我国四代先进核能技术从跟跑、并跑再到领跑世界的成功之路。

时至今日，国家最高科学技术奖颁给王大中院士，实至名归。
国家最高科学技术奖
证书

第五话
宇宙神箭

2021年6月17日9时22分
酒泉卫星发射中心
神舟十二号载人飞船准备发射，十秒倒计时准备！10,9,8,7,6,5,4,3,2,1！点火！
神箭
中国航天
神箭

神舟
电视机前的观众朋友们！这里是甘肃酒泉卫星发射中心，现在是北京时间6月17日9时22分。
搭载神舟十二号载人飞船的长征二号F运载火箭，在酒泉卫星发射中心准时点火发射！

神舟十二号载人飞船与运载火箭成功分离，进入预定轨道！
观众朋友们！神舟十二号载人飞船顺利将聂海胜、刘伯明、汤洪波3名航天员送入太空，发射取得圆满成功！
薪火！这太让人激动了！谢谢你带我们来看神舟十二号载人飞船发射。
长征二号F运载火箭也很牛！
对于中国而言，神舟十二号载人飞船的发射为空间站的建造打下了夯实的基础，具有划时代的重要意义。这就是我带你们来的原因啊！

观众朋友们！
现在我们来采访一下背后的设计团队！这位是神舟飞船首任总设计师戚发轫。
大家好！
请问我们这次发射为什么取得了成功？您觉得成功是否来之不易？
哈哈，你们看见她了，就容易了。

是谁呀？
容易啊！就是我们的长征二号F运载火箭总设计师容易，并且她还是神舟十二号设计团队中唯一的女设计师。
快，我们来采访一下这位唯一的女设计师！
大家好！这是我第一次担任这个岗位，火箭发射时我有一点紧张，也有一些不舍，但更多的是期待，其实也是充满信心的。

这位设计师的名字可真有趣，设计火箭就和吃饭一样容易吗?
有了这位总设计师，一切都能变容易!
作为运载火箭总设计师，她的担子很重，压力很大。
虽然她名叫容易，却做着最不容易的工作。我带你们好好了解一下火箭发射吧!

哎？我们直接就到了省科技馆啊！
是呀，这里有很多火箭展品，看！我们眼前这个是火箭发动机，就是它推动火箭升上太空的。
火箭发动机里面有什么？
有燃料和氧化剂，它们分别通过燃料管道和氧化剂管道流入，在燃烧室内燃烧。
燃烧时温度很高，所以需要用冷却剂冷却，燃烧产生的气体通过喷嘴排出，从而推动火箭的发射。

也就是说，火箭不需要氧气？
它不依赖空气中的氧助燃，既可在大气中飞行，又可在外层空间飞行。
你们可以用这个火箭车展品来感受一下火箭的发射。
给火箭车充入压缩气体，然后按下按钮，压缩气体喷出，火箭就在轨道上跑动起来。
明白了，这就是火箭发射的原理啊！

我也要操作，感受一下！
火箭车旁边的是火箭和螺旋桨发动机，你们可以看到火箭发动机和螺旋桨发动机是怎么在空气中和真空中工作的。
真空状态下是怎么工作的？
火箭发动机产生推力不需要空气，它往下喷出气体，相当于给喷出的气体提供动量。
由于动量是守恒的，这样的话，火箭本身也会得到一个向上的动量，在真空环境下上升。
太神奇了！火箭设计师真是伟大！

学习了火箭发动机知识，我们的科技知识又增长啦！
我们快去了解一下长征二号F运载火箭总设计师容易吧！
离得到神秘的碎片就更近了一步呢！
好嘞！走！

第六话
国之利箭
——容易

2021年6月17日　酒泉卫星发射中心
观众朋友们！
接下来我们对容易总设计师进行一个深度采访。
宁宁、安安，你们俩先从采访中了解一下容易吧！
好的！
您认为发射成功的原因是什么？
火箭发射成功是整个航天团队的功劳，我虽然名叫“容易”，但每一次坐镇指挥场，都会感到非常紧张。

您认为航天科学家的精神是什么？
航天是一个高科技同时高风险的行业，每一次发射都是重大挑战。
“如履薄冰、如临深渊”这八个字深深地刻印在每一个航天人的脑海中，必须周到细致、严肃认真地做好每一份工作，因为很可能差之毫厘就谬以千里。

听说您还参加了神舟九号的发射？
当年神舟九号发射时，我看到航天员从火箭舱门进入飞船的那一刹那，就开始紧张了。
载人航天，人命关天，保证航天员安全地进入太空，是每一个从事载人运载火箭研制人员身上担负的使命和责任。
这一直警醒着我在平时的工作中要更加严、慎、细、实！

我非常幸运，我从事的这项工作跟祖国的繁荣昌盛和民族复兴紧密地联系在一起。
这次发射成功，您有什么感受？
我非常感恩能够进入这一行业，能够生活在这么美好的时代，国家有这么多重大工程，让我们有机会去探索浩瀚的宇宙。
安安、薪火，容易总设计师说得太好了！
是呀，这些问题也都是我想问的！

容易曾经把火箭比作蜡烛，燃烧自己把飞船、卫星送到更远、更高的地方去。
其实，中国航天人也像一支支无私奉献的蜡烛，他们燃烧自己的青春，带我们驶向更广阔的宇宙。
我们应该向这些航天科学家致敬！
对！致敬！
从1999年的神舟一号到2022年的神舟十五号，从无人飞船到载人航天……
一代代工程技术人员投身研发，一批批航天员们领命出征，也一次次刷新了中华民族向更高远星空进发的“中国高度”！

你们知道吗？2022年11月29日，神舟十五号载人飞船已经在酒泉卫星发射中心成功发射！
什么？神舟载人飞船十五号？神舟系列发射这么多了？
是呀，有空的时候我给你详细讲讲！
网上说神舟十五号还使用长征二号F运载火箭。
啊！那就容易了！
是啊！容易了！

你们说什么容易啊？
我们说的是运载火箭的总设计师，她的名字叫容易，这可是一位女总设计师！
你们知道吗，女性更细腻、敏锐，有耐心又执着呢！
容易其实很不容易，她现在的职务是中国航天科技集团一院运载火箭总设计师，国际宇航科学院通讯院士。

真是巾帼不让须眉啊！还有哪些厉害的女科学家呢？
当然有啦，下次我给你们介绍一位著名的女科学家梁建英！
太好啦！期待！期待！
我也很期待，安安，咱们现在画满8位科学家的画像了。
是呀，再画两位，就能得到第一块碎片啦！

容易是实现航天强国梦征程中的巾帼代表，而在我国航天事业中，从来不缺乏女性的身影。
从长征系列运载火箭一、二级发动机主任设计师张金容，被称为“航天员女教头”的中国载人航天工程航天员系统总设计师黄伟芬，

到中国首位女航天员刘洋、我国首位太空漫步的女航天员王亚平，一位位出色的女性正为航天事业贡献自己的力量。

第七话
国家名片

请各位旅客抓紧上车，高铁列车就要开动了。
CRH
同学们，抓紧上车了！高铁很快就要开动了！
安安、美轩，快点儿！

知道啦！宇航、天骄，你们俩也快点儿！
和谐号
来啦来啦！

哎呀，车厢的座位可真宽敞，真舒服！
老师，咱们得多久才能到葫芦岛啊？我都迫不及待要去看长城呢！
是呀，老师，这次咱们班要去看长城，我兴奋得一夜都没睡好呢！
大家别急，大概两个小时就到了，很快啊。
从沈阳到葫芦岛将近300千米，坐火车可真是快啊。
当然，高铁可代表着“中国速度”呢！
老师，那高铁的速度有多快啊？
高铁最高运营速度是350千米/小时。
哎呀，那可真快啊，怪不得两个小时就能到葫芦岛！

中国不光有高铁，还有高速磁悬浮呢！时速达到600千米，可以填补高铁和飞机运输之间的速度空白。
和谐号
老师，什么叫高速磁悬浮啊？
高速磁悬浮是一种新兴高速交通模式，有速度高、安全可靠、噪音低、振动小、载客量大、维护量少的优点。

它比高铁还快吗？
当然，这是当前全球速度最快的地面交通工具。
以北京至上海为例，加上旅途准备时间，乘飞机需要约4.5小时，高铁需要约5.5小时，而高速磁悬浮列车仅需2.5小时左右。
北京
上海
高速磁悬浮列车是世界轨道交通领域的尖端科技成果，也是中国人的骄傲。这次你们坐的是高铁，以后还有机会坐高速磁悬浮列车！
中国速度可真牛啊！
那可太好了！

安安，走，咱们俩去车厢连接处看看。
好啊！
宁宁，我猜你一定要找薪火。
哈哈，安安，你越来越聪明了！刚才老师讲到高铁和高速磁悬浮列车，我想到咱们又能了解新的科技知识了，还能给科学家画像呢。
对呀，咱们俩现在已经画了8位科学家了，马上就能得到一块神秘碎片。
是呀，咱们快问问薪火吧！

当然啦，前几天老师说，我们学校要举办科技小达人大赛，我们俩还要参赛呢！
你们俩连出去旅游都忘不了找我学习科技知识啊！
我相信你们俩一定没问题！
薪火，刚才老师讲到高速磁悬浮列车比高铁还快，你能给我们讲讲高速磁悬浮列车吗？
当然没问题啦，你们跟我来！

朋友们！我宣布——
时速600千米高速磁悬浮工程样车，在青岛正式下线！
这个项目2016年10月启动，2019年研制出试验样车，2020年6月在上海同济大学试验线上成功试跑，2021年1月研制出成套系统。
薪火，这是哪里呀？
这是2021年7月20日，我国时速600千米高速磁悬浮列车在青岛正式下线。这辆银色和蓝色相间的列车，就是高速磁悬浮列车。

有请中车青岛四方机车车辆股份有限公司副总经理、总工程师梁建英给大家详细介绍。
高速磁悬浮列车拥有阳刚硬朗、霸气十足的超高颜值，列车的头型总长为16米。
请问，高速磁悬浮列车和高铁最大的不同是什么啊？

有轨高铁是通过轮子作用在轨道上，与轮轨接触来驱动列车前进。
而高速磁悬浮列车是通过电磁力，实现列车与轨道之间无接触的悬浮、驱动、导向。
由于高速磁悬浮列车悬浮在空中，行进时不需要接触轨道，其阻力只来自空气，可以实现较高速度运行。
那我们什么时候能真正坐上高速磁悬浮列车啊？
还得5到10年吧。
薪火，高速磁悬浮列车也太牛了，不接触轨道就能高速度前进。这么厉害的列车是谁研究出来的啊？
也是一位女科学家，就是这位给大家做介绍的梁建英啊！

第八话
中国速度
——梁建英

她祖籍山东，1972年出生于吉林，是中国高铁装备业唯一的女总工程师。
让复兴号高铁技术领先世界的决心，源于她在欧洲的一次晕车经历。
从此担当技术领军人，下定决心要让中国高铁跑得快，跑得稳，让乘客有享受的体验，她就是梁建英。

薪火，快给我们讲讲梁建英总工程师的故事吧，这位女科学家怎么会喜欢研究高铁呢?
对呀，我们马上就要完成第九位科学家的画像了呢!
梁建英的父亲是一名铁路员工，家住在火车站旁边，从小就与火车为伴。
望着哐当哐当的火车，她感觉火车是最浪漫、最有诗意的交通工具。
沿着铁轨，她看到了远方，有了很多梦想。也就是在这种耳濡目染之下，她与火车结下不解之缘。

那后来她是什么时候研究出第一辆高铁列车的呢？
那是在2004年，我国决定全面发展自主高速铁路和列车。
中车四方的300千米高速动车组由梁建英担任主任设计师，这是她第一次亲手设计高速列车。
那一定很难吧！
高铁动车组是一个十分庞大的系统工程，光零件就有50万个，需要设计的图纸就有上万张。梁建英没日没夜地研究，带着千人团队连轴转，舍不得休息一天。

那家里人都顾不上吧。
那段时间梁建英的女儿还小，每次下班回家，女儿都已经睡了，早上去设计室的时候，女儿还没起床，整整几年都是这样的状态。
这位女科学家可真了不起！
是呀，在这之后，2008年，她又担任了“和谐号”CRH380A高速动车组的总设计师。走，我带你们去看看他们的研究过程。

2010年
“和谐号”列车制造现场
梁总，根据统计，咱们研究团队已经做了450多项仿真计算，1050多项地面试验，2800多项线路试验了。
是呀，咱们的“和谐号”列车，目前测试时速最高达到380千米！
这是领先世界的“中国速度”！
咱们不光要设计出高速列车，还要让乘客坐着舒心，不晕车。

是呀，你们知道吗？咱们梁总坐火车晕车。
哎呀，这件事你还记得啊！那是头两年，咱们在瑞士考察轨道交通，坐上了从苏黎世开往日内瓦的火车，车刚开不久我就开始晕车，下车缓了很久才好一点儿。
所以咱们研究高铁列车啊，一定要让它平稳运行。

梁总，“和谐号”问世之后，咱们的下一个目标是什么啊？
接下来“复兴号”马上要立项，我们要进一步提高它的运行速度，再次打造中国奇迹！

梁总，怎么才能像您一样成为高铁设计的高手啊？您有什么心得吗？
不驰于空想，不懈于奋斗。高手都有师傅，但是你能不能成为高手并不在于师傅，而是取决于你自己。
眼高手低不成事儿，夸夸其谈误大事，知识的积累需要广度、深度，更需要精度。只有练好基本功，才能成为真正的高手。

薪火、安安，梁总说得太好了！我觉得我们也要不驰于空想，不懈于奋斗！
对呀，我们还要进行科技知识积累，准备参赛！
你们俩在全校的科技小达人大赛中有信心得第一吗？

当然了！
宁宁第一，我第二！
那我提前祝福你们啦！好啦，快准备第九位科学家画像吧，你们离神秘碎片只有一步之遥啦！
好嘞，我们继续加油！

第九话

最强炸弹

同学们，今天我带大家进一步认识一下核能。核能是指通过转化原子核的质量从而释放的能量。
太好了，上次我就没完全听明白。

核能共有三种核反应释放：核裂变、核聚变以及核衰变。
1895年，德国的伦琴首次发现了X射线。1945年，美国在阿拉莫戈多沙漠中进行了第一颗原子弹爆炸试验……

姐姐，那原子弹是核能的哪一种释放方式呢？
这位同学问的问题很关键啊！你们懂的知识真多。
原子弹是核裂变，氢弹是核裂变之后再核聚变。我们这里有一个展品，大家可以拉动手柄，发射小球，模拟中子轰击原子核使其裂变产生核能的过程。
宁宁，咱们去试试吧！
好啊！
宁宁，给你一杯汽水喝。
谢谢，我正口渴呢！

安安，刚才解说员姐姐讲的核裂变、核聚变，我不是太明白。
那咱们问问薪火吧！
我也这么想。薪火，你能给我们讲讲原子弹和氢弹的爆炸原理吗？
235U
当然！原子弹就是利用常规炸药将几块小于临界体积的铀235或者钚合在一起，当它们超过临界体积就会引起核裂变链式反应，产生核爆炸。

那氢弹呢？
氢弹是在原子弹的基础上，利用原子弹爆炸产生的超高温和超高压，产生核聚变。
哦……
我这么给你们讲也不太形象，走吧，我带你们去看一看咱们国家第一次原子弹爆炸。

轰！！
1964年10月16日下午3时
我国西部大漠
成功了！
成功了！
我国第一颗原子弹引爆成功！我们终于成功了！

咱们拥抱庆祝一下！
想当初咱们国家宣布研制原子弹的时候，很多国家不相信我们能成功，认为咱们没钱、没人、没技术。
怎么没有人才？咱们于敏就是个人才，他研究出了原子核的理论基础。
是呀，于敏的研究对原子弹的制造起着至关重要的作用。

薪火，他们说的于敏是谁呀？
中国氢弹之父！
他不仅参与了原子弹的制造，而且从零开始引领我国成功研制出氢弹，使中国成为第四个拥有氢弹的国家，也是氢弹研究用时最短的国家。

哇，这么厉害，从原子弹到氢弹，应该很不容易吧！
是呀，原子弹反应过程是核裂变，可氢弹却是核聚变，这两者之间有着本质区别。
那么氢弹是什么时候研制成功的呢？
我国第一颗氢弹于1967年6月17日在罗布泊沙漠腹地试爆成功。从第一颗原子弹爆炸到第一颗氢弹试验成功，美国用了7年多，苏联用了4年，而我们只用了2年8个月！

咱们的科学家真了不起啊！
这个研究团队是非常年轻的团队，在他们不懈努力下，我国的氢弹理论取得了非常大的进展！
我真是迫不及待想了解一下这个团队呢！
我也是！我和宁宁明天就要参加学校的科技小达人大赛了，今天听薪火这么一讲，咱们的知识又丰富了！
那还等什么，咱们快去认识一下我国的著名物理学家、“两弹一星”元勋于敏院士吧！

第十话 氢弹之父——于敏

于敏的一生都在为我国的国防科技事业而奋斗，他的名字一直是保密的。
1988年退休后，于敏的名字得以解禁，他先后荣获“两弹一星”功勋奖章、国家最高科学技术奖……
面对纷至沓来的荣誉，于敏淡然地说：“一切都是为了国家需要！”

中国科学院
小于啊！除了研究原子弹，你还有没有其他什么兴趣？
钱三强所长
什么？
于敏
你想不想研究一些其他的武器？
我愿意！
我直说吧，你已经被选入了氢弹技术理论研究小组。一旦参与，不能向任何人透露自己的工作内容和行程，即便是家人也不行。你能做到吗？
我能！为了国家和人民，无论什么时候，我都可以从头学起。

薪火，于敏院士做出了很大的牺牲啊！
是呀，为了氢弹研究，他隐姓埋名近三十年。于敏的妻子直到28年后看到媒体报道，才得知他竟然参与了这么重要的工作。
那他一定连家庭都顾不上了。
他经常不回家，家里什么事都是妻子一个人做，甚至去医院生孩子都是一个人。于敏说过，他最对不起妻子。
那于敏院士是怎么研究出氢弹的呢？

氢弹具体什么样，谁都不知道，只能推演，光是寻找氢弹的主要材料就消耗了大量时间。于敏展现了超乎常人的能力，用一支笔、一张纸人工进行推演，最后发现了氘化锂。
氘化锂是什么？
Li
氘化锂会使原子弹威力放大一千多倍，这就是氢弹。
那中国又一次震惊了世界吧！
1967年中国第一颗氢弹试爆成功后，国际社会惊掉了下巴。走，我带你们去看一看氢弹试爆成功的场面！

戈壁滩的风也太大了！
这里的环境非常恶劣，白天热得快要中暑，晚上冷得睡不着觉。
科学家们也太艰苦了！
他们吃的是带着沙砾的馒头，喝的是融化的雪水，每个人的手都红肿皲裂。
不仅如此，他们还缺少精密的仪器和专业的试验场地。

快看，氢弹引爆了！
成功了！我国第一颗氢弹爆炸成功！
我们有了争取和平的底气！
现在只是第一代，我们必须抓紧时间研制第二代、第三代核武器。
薪火，于敏院士团队也太拼了！
是呀，1969年，于敏又带领团队到大山里面，日夜无休地钻研，一次次攻克关键技术，一待就是近二十年。

那身体能吃得消吗？
常年与放射性物质打交道，他的身体变得越来越虚弱，曾三次与死神擦肩而过。
1969年初他在工作现场晕厥过去，1971年突然休克，1973年还有过便血。
啊，太难了！太不容易了！
没有人知道国家强大的背后，到底隐藏了多少科学家的心血和付出啊！

薪火，告诉你个好消息！我和宁宁在今天学校的科技小达人大赛里得了小组第一名！还有啊，我们俩已经完成了10位科学家的画像啦！
祝贺你们！喏！这是给你们的一块碎片。
哇，金光闪闪，沉甸甸的，好漂亮啊！
太好了，我们马上要参加全区初中生科技大赛呢！
集齐了10块，就可以获得打开宇宙奥秘的金钥匙啦！
另外，这块碎片可以帮助你们回答一个科学难题，不过可不是直接告诉你们答案哦，它会给出一个关键提示。
我们信心满满！继续加油！
那我就提前祝你们好运喽！

在中华民族伟大复兴的征程上，一代又一代科学家奋力前行，攀登了一座座科学技术的高峰，创造了一个个大国科学奇迹，为国为民打拼出殷厚的“家底儿”。
像宁宁、安安一样的科技小达人们被寄予厚望，是民族未来的希望所在。

就像保尔·柯察金说的，一个人不要虚度年华，不要碌碌无为，自己一生要献给共产主义事业。人生的价值在于奉献，钱院士把一生献给了国家和人民。
我们也要像钱院士一样！
相信你们，加油哦！
未完待续